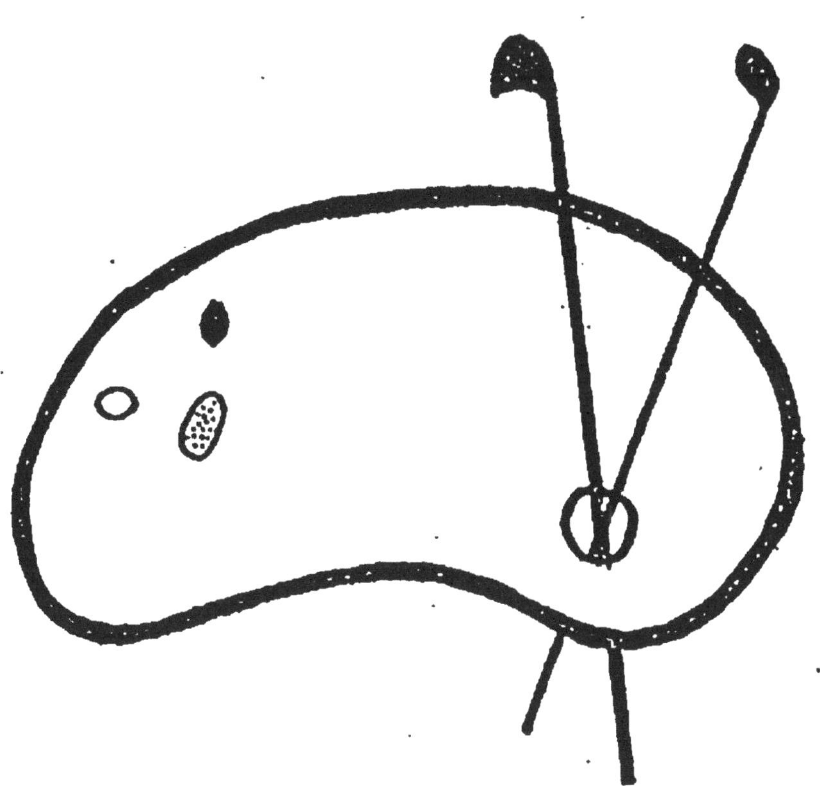

COUVERTURE SUPERIEURE ET INFERIEURE
EN COULEUR

THÈSE

POUR

LE DOCTORAT

Du Droit de Retention

UNIVERSITÉ DE FRANCE — ACADÉMIE DE RENNES

FACULTÉ DE DROIT

THÈSE POUR LE DOCTORAT

DU DROIT DE RETENTION

Cette Thèse sera soutenue le Mercredi 29 juillet 1874

A SEPT HEURES DU MATIN

Par M. HÉDAL (Paul-Emile-Marie)

Avocat

Né à Dinan (Côtes-du-Nord), le 25 juin 1850.

SUFFRAGANTS :

MM. Bodin, doyen ; Eon, Worms, de Caqufray, professeurs ;
Guérard, agrégé, chargé de cours.

RENNES
Imprimerie du Commerce BAZOUGE fils et Cie
15, rue de Viarmes, 15

1874

A LA MÉMOIRE DE MON PERE

A MA MÈRE

A MA FAMILLE

A MES AMIS

DU DROIT DE RETENTION

INTRODUCTION

Quiconque s'oblige, oblige le sien, dit un vieil adage, qui exprime d'une façon caractéristique un principe de droit naturel que tous les législateurs ont rangé, en le sanctionnant, parmi les règles du droit positif. Cette affectation du patrimoine du débiteur à l'acquittement de ses obligations se justifie d'elle-même ; il serait profondément immoral de voir des gens vivre dans l'opulence, tandis que leurs créanciers, impuissants à se faire payer, se trouveraient plongés dans la détresse. Le premier devoir de l'homme est de rendre à chacun ce qui lui appartient : *suum cuique*. Le respect de soi-même, l'intérêt social le commandent, et la loi, qui doit être l'expression du juste, ne saurait se dispenser de nous le rappeler.

Lorsqu'il n'y a qu'un seul créancier, le patrimoine du débiteur forme son gage exclusif ; mais, s'ils sont plusieurs, leurs droits se trouvent en concours sur la masse des biens : *concursu partes fiunt*. Il devient nécessaire de procéder à une liquidation. Si les biens du débiteur sont insuffisants à désintéresser intégralement tous les créanciers, il est conforme à l'équité d'attribuer à chacun d'eux un dividende correspondant à sa créance. C'est ainsi que les choses durent se passer dans l'enfance des sociétés. Mais, peu à peu, les besoins sociaux augmentant, le commerce prenant de l'essor, on sentit la nécessité d'activer la circulation des capitaux, et il fallut bien recourir à des moyens de crédit propres à la faciliter. De là l'origine de toutes ces sûretés : nantissement, hypothèque, privilége, dont le but est de multiplier les chances de paiement de la dette et de permettre à l'emprunteur de se procurer les sommes dont il a besoin, d'autant plus aisément que la sécurité du prêteur sera plus complète. Le droit naturel se trouve blessé, puisque son esprit est de placer tous les créanciers sur la même ligne, et de n'accorder aucune préférence à l'un plutôt qu'à l'autre, mais l'utilité sociale justifie cette dérogation à l'équité.

L'institution de crédit dont nous avons à traiter, bien que se rapprochant, par son but et ses caractères, des garanties particulières que nous venons de citer, en diffère essentiellement quant à son principe et à son origine. Le droit de rétention, en effet, a été puisé dans le droit naturel ; la loi positive l'a sanctionné en le lui empruntant, elle ne l'a point créé. Nous le définirons d'une manière générale : La faculté qui appartient au détenteur de la chose d'autrui, de la retenir jusqu'à ce que le propriétaire lui ait payé ce qu'il lui doit (1). Il découle de ce principe qui, réglant les rapports de deux personnes respectivement créancières et débitrices l'une de l'autre, s'oppose à ce que celle qui refuse de remplir son obligation, puisse contraindre l'autre à exécuter la sienne.

Mais, dira-t-on, en permettant au détenteur de se refuser à la restitution d'une chose qui ne lui appartient pas, le droit de rétention se place en contradiction manifeste avec cet autre principe, également de droit naturel : que nul ne peut se faire justice à lui-même. « *Nihil est vitiosius civitatibus, nihil tam contra-* « *rium juri et legibus quam composita et constituta* « *republica quidquam agi per vim.* » (*Cic. de lege,* III, 18.)

Cette objection serait fondée et pourrait faire mettre en doute la légitimité du droit de rétention, si elle ne confondait pas, à tort, deux espèces de voies de fait, qu'il importe de distinguer soigneusement : l'attaque violente et la défense de vive force. (V. Toullier XI, p. 190.) La première, seule, est illégale, tandis que la seconde est autorisée par toutes les législations. Celui-là ne porte point atteinte à l'ordre social, qui repousse le trouble par lequel on entrave le libre exercice de son droit. « *Non videtur vim facere qui suo jure utitur.* (L. 55, § 1, *de reg. jur.*, D.) Les lois romaines sont remplies d'exemples à l'appui (L. 3, § 9 ; L. 27, *de*

(1) Nous verrons plus tard ce qu'il faut ajouter à cette définition.

vi et de vi arm. D.; L. 1, *unde vi*, Cod.), et l'art. 328 du Code Pénal est conçu dans le même esprit. Retenir ce que l'on possède par une juste cause, dans le but unique de se préserver d'une injustice de la part de celui qui réclame la chose possédée, ce n'est pas se faire justice dans le sens légal du mot, mais seulement faire usage du droit de légitime défense. (Dalloz, rép. alph., v° rétent. n° 12.)

Ce point mis de côté, il importe d'examiner les règles auxquelles est subordonné l'exercice du droit de rétention, et de faire connaître les variations que ces règles ont subies en droit romain, dans notre ancienne jurisprudence, et sous l'empire des lois qui nous régissent. Tel est l'objet de l'étude qui va suivre.

DROIT ROMAIN

CHAPITRE I

CONSIDÉRATIONS PRÉLIMINAIRES SUR LE DROIT DE RÉTENTION

Le droit de rétention dérivant, comme nous l'avons déjà dit, du droit naturel, on comprend facilement qu'il appartenait au préteur, champion déclaré de l'équité, de le régulariser et de lui faire une place convenable dans la législation romaine. Mais ce serait aller trop loin que de lui attribuer, comme l'ont fait quelques auteurs (V. Cabrye, n° 4), le mérite d'avoir le premier mis en œuvre cette institution. Le vieux droit civil la connaissait, en effet, et nous en trouvons la preuve dans l'existence du contrat de gage qui remplaça l'aliénation avec contrat de fiducie, à une époque qui n'est point déterminée d'une manière précise, mais qui est certainement antérieure à l'apparition du droit prétorien. La faculté de retenir la chose engagée jusqu'au paiement intégral, était même le seul avantage que le gage conférât, dans l'origine, au créancier investi de cette sûreté. Car, d'une part, à moins d'une stipulation formelle à cet égard, il n'avait pas le droit de vendre l'objet engagé. (Inst. Gaii, II, § 64 ; L. 73, *de Furt.*, D.; Bonjean, § 285; Schilling, § 209; Maynz, I, § 239 ; Fresquet, II, p. 107 ; Troplong, nantis. n° 7), d'autre part, quand il avait perdu la détention, il n'avait à sa disposition aucun moyen civil pour la recouvrer (Nœdt, *de pign. et hyp.*, argum. L. 17, § 2, *de pact.* D.). Plus tard, le droit prétorien admit que le créancier gagiste aurait toujours le droit de vendre le gage en cas de non paiement à l'échéance, sous la condition, toutefois, de faire trois dénonciations au débiteur; on finit même par ne plus exiger ces dénonciations que dans l'hypothèse seulement où le débiteur aurait prohibé la vente dans la convention constitutive du gage (Paul. sent. II, v. § 1 ; L. 4, *de pign. act.*; L. 6, § 8, *communi divid.*; L. 12, § 10, *qui potior. in pign.*; L. 14, § 5, *de div. temp. præscrip.* D.). Quant au droit de saisir, entre les mains des tiers, la chose engagée, lorsqu'il en avait perdu la détention, ce fut également le droit prétorien qui l'accorda au créancier gagiste, et il lui donna, pour l'exercer, d'abord les interdits possessoires, puis, plus tard, l'action *quasi Servienne*. Quoi qu'il en soit, il est certain que primitivement le gagiste n'avait que le droit de rétention, et nous avions raison d'affirmer que cette institution était déjà connue sous le vieux droit civil (Troplong, nant. n° 12 ; Rauter, *Revue étrangère*, 1841 ; Glasson, p. 6.).

Le préteur, *naturali æquitate motus*, s'empara

de ce droit, qui, jusqu'alors, n'avait été admis que dans un cas exceptionnel ; il le généralisa et lui donna toute l'étendue que comportait le principe qui lui servait de fondement, en accordant au rétenteur, pour le faire valoir, la voie de l'exception de dol. Titius a confié un dépôt à Stichus; celui-ci s'est trouvé dans la nécessité de dépenser une certaine somme pour la conservation de la chose déposée ; Titius la réclame ensuite, par l'action en revendication ; d'après les principes du droit civil, Stichus doit être condamné à restituer la chose ; mais comme il serait injuste que l'une des parties fût condamnée à accomplir son obligation, tandis que l'autre refuse d'exécuter la sienne, le préteur dira au judex : *Condemna, si in ea re nihil dolo malo Titii factum est.* Or, comme il y a dol de la part de Titius à ne point vouloir restituer à Stichus ses déboursés, Stichus sera autorisé à rester en possession jusqu'à ce que Titius ne lui ait payé ce qu'il lui doit. Le but de l'exception de dol était donc de remédier au résultat inique produit par l'application rigoureuse des principes du droit civil. « *Hanc » exceptionem prætor proposuit ne cui dolus suus » per occasionem juris civilis contra naturalem » æquitatem prosit.* » (L. 1, § 1, *de dolo malo.* D.) De nombreux textes nous montrent que cette exception était donnée dans tous les cas où le droit civil blessait l'équité. (L. 2, § 5 ; L. 4 § 33 ; L. 12, *de dolo malo*, D.). L'incapacité du demandeur ne le protégeait même pas contre elle. (L. 4, § 25, 23 *ibid.*). Ce caractère de généralité devait donc s'étendre au droit de rétention, puisque l'exception en était la mise en œuvre ; c'est ainsi que l'entendaient les jurisconsultes, quand ils désignaient le droit de rétention sous le nom d'*exceptio doli*. (L. 1, *proœm. de pign. et hyp.*; L. 26, § 4 ; L. 51, *de condict indeb.*; L. 14, § 1, *com. divid.*; L. 4, § 9, L. 14, *de doli mali excep.*D.). Ce serait se tromper étrangement, que de croire que toutes les fois que dans un passage du Corpus il est question de l'exception de dol, il y soit question du droit de rétention et réciproquement, car l'exception prétorienne s'appliquait bien au droit de rétention, mais elle ne protégeait pas que lui seul, comme nous le verrons plus loin.

Jusqu'à présent, nous n'avons examiné la position du rétenteur qu'au cas où il est défendeur à une action de droit strict. Si, dans l'espèce que nous avons faite tout-à-l'heure, le déposant Titius intente l'action *depositi directa*, les choses ne se passent plus de la même façon. L'action de dépôt est une action de bonne foi ; or, dans l'action de bonne foi, l'*arbiter* n'est pas enserré par les termes de la formule, comme le *judex* dans les actions de droit strict. « *Religio arbitri libera est.* » (Seneca, *de benef.*, III, 7) ; il doit juger *ex æquo et bono, quantum æquius melius oportet.* (Cicér. *pro Roscio*, 5). L'insertion de l'exception de dol devient donc inutile, et le défendeur peut invoquer, devant *l'arbiter*, malgré le silence de la formule, tout moyen quelconque tiré de l'équité.

(Inst. Just. Liv. IV, tit. 6, § 30). Si donc l'équité voulait que le droit de rétention fût accordé dans l'espèce, l'*arbiter* le faisait immédiatement.

Nous pouvons donc définir le droit de rétention, à Rome : « La faculté en vertu de laquelle tout défendeur » à une action *in rem* ou *in personam*, peut retenir » la chose du demandeur, jusqu'à ce que celui-ci ne lui » ait payé ce qu'il lui doit à raison de cette chose. »

Ce droit est désigné dans le Corpus tantôt par ces mots : *Retentio, retinere potest* ; tantôt, comme nous l'avons déjà dit, sous la dénomination d'*exceptio doli*.

Avant de passer à l'examen des caractères du droit de rétention, il importe de faire remarquer que la loi romaine, comme la nôtre, le subdivisait en deux catégories, qui, bien que soumises en général aux mêmes règles, différaient cependant quant à leur principe générateur. Nous voulons parler du droit de rétention *conventionnel* et du droit de rétention *tacite*. Le premier, comme nous l'avons vu, était déjà en usage, sous le vieux droit civil, dans l'hypothèse du contrat de gage ; le second est dû à l'initiative du préteur. Le premier prenant sa source dans la convention des parties, il s'ensuit que les règles générales auxquelles était soumis le second, règles dont l'équité était l'unique fondement et la raison suprême, pouvaient être, quant à lui, modifiées, restreintes ou étendues par les clauses du contrat. Mais lorsque la convention restait muette sur ce point, le droit de rétention qu'elle conférait était régi par les mêmes principes que le droit de rétention tacite.

Les anciens commentateurs ont créé une dénomination spéciale pour désigner le droit de rétention résultant du contrat de gage ou d'antichrèse ; ils l'appellent « *jus retinendi qualificatum,* » et nomment le droit de rétention tacite « *jus retinendi simplex.* (Mülhembruch, doct. Pand, § 136 ; Boëhmer, *de jure retentionis,* t. II, n° 12, § 17 ; Glück Pand. nach Hellfelld, Bd. XV, § 936, n° 2.) Signalons une différence, au point de vue de la procédure, entre le *jus qualificatum* et le *jus simplex.* Nous avons vu que, pour se faire confirmer dans sa détention par le *judex,* le défendeur à une action de droit strict, qui ne puisait son droit de rétention que dans l'équité, était obligé de faire insérer l'exception de dol dans la formule, faute de quoi il était condamné à restituer. Au contraire, le défendeur qui jouissait du *jus retinendi qualificatum,* triomphait de la revendication du propriétaire, alors même qu'il avait omis de requérir l'insertion de l'*exceptio doli* dans la formule. (Mulhembruch, *loco cit* et v. gr., L. 1, *proœm. de pignor.*; L. 15, § 5, *de re judicata,* D.). Cela tenait à ce principe que la convention fait la loi des parties, et que le demandeur, en intentant son action, ne cherchait à rien moins qu'à la violer.

En résumé, abstraction faite des règles particulières inhérentes au gage et à l'antichrèse, la position du créancier gagiste ou antichrèsiste, au point de vue de la rétention, est absolument la même que celle d'un créancier chirographaire qui jouit de ce même droit. (Cabrye, p. 26.)

CHAPITRE II

CARACTÈRES DU DROIT DE RÉTENTION.

Le droit de rétention, à Rome comme dans notre législation, constituait un droit réel, accessoire, indivisible, susceptible de transmission, et s'appliquant à toute espèce d'objets, meubles ou immeubles. Nous allons établir successivement chacune de ces propositions.

A. — Le droit de rétention est réel ; il constitue un véritable *jus in re*, et établit un rapport direct et immédiat entre le détenteur et la chose retenue. Cette opinion a cependant été l'objet de vives critiques ; M. Troplong, conséquent avec lui-même et persévérant dans l'unité de sa doctrine, soutient qu'en droit romain comme en droit français, la rétention n'est qu'un droit personnel. (Priv. I, n° 255 et suiv., Nantis, n° 442 et suiv., 552 et suiv.)

D'autres auteurs, tout en reconnaissant que, chez nous, le droit de rétention est bien véritablement un droit réel, le rangent à Rome, parmi les droits personnels (Glasson, p. 35). Voyons quels arguments l'on propose à l'appui de ce système.

Le droit de rétention, dit-on, prend sa source dans le *dolus malus* du propriétaire qui veut recouvrer sa chose sans rembourser préalablement ce qu'il doit à son occasion. Ce n'est donc, en définitive, qu'une exception de dol opposée par le détenteur au propriétaire qui veut s'enrichir à ses dépens. Or, l'exception de dol, cela est constant, est une exception *in personam* (L. 2, § 1 et 2, *de doli mali et met. except.* D.), qui ne peut être opposée qu'à l'auteur du dol. Donc, tant que le débat existe entre le détenteur et le propriétaire, l'exception est possible, et, par suite, le droit de rétention doit être accordé ; mais quand il y a lutte entre le détenteur et d'autres créanciers du propriétaire, on ne peut reprocher à ceux-ci aucun dol ; or, point de dol, point d'exception, et, par suite, point de rétention, puisque le dol, qui lui sert de base, fait défaut.

Cette argumentation, bien que séduisante au premier aspect, ne résiste pas à la réflexion. Et d'abord, nos adversaires ne prennent pas garde qu'elle ne repose que sur une pétition de principe : « Le droit de rétention est personnel, car l'exception de dol est personnelle, et la rétention et l'exception de dol ne font qu'un. » Vous le dites, c'est vrai, mais il ne suffit pas d'affirmer, il faut prouver, et cela vous est impossible, car rien n'est plus faux que votre proposition. Nous avons déjà vu, dans le précédent chapitre, qu'il ne fallait pas confondre la rétention avec l'exception de dol. En effet, la rétention est un droit, un rapport entre une personne et une chose ; l'exception est un moyen de procédure, une arme fournie au défendeur pour repousser la demande, c'est, en un mot, une protection accordée aux intérêts les plus divers, au rétenteur aussi bien qu'au défendeur qui invoque la compensation, ou qu'au débiteur dont l'obligation subsiste d'après le Droit Civil, mais qui se prétend libéré d'après l'équité. Or, est-il raisonnable de confondre un moyen protecteur avec l'intérêt qu'il protége ? Oserait-on jamais soutenir que l'exception de dol et la compensation ne font qu'un, ou que cette exception et la libération du débiteur ne sont qu'une seule et même chose ? Non, assurément ; eh bien ! ce qui est vrai de tous les autres intérêts que protége l'exception de dol, doit l'être aussi du droit de rétention. Donc, peu importe que l'exception de dol soit *in personam* ; du moment qu'elle ne se confond pas avec le droit de rétention, celui-ci peut très-bien être un droit réel.

Or, nous trouvons au Digeste de nombreux textes où il apparaît clairement que la réalité du droit du rétenteur était reconnue par tous les jurisconsultes. C'est d'abord la loi 17 *de pign. et hyp.*, pour le cas de rétention accessoire du gage. Quant au droit de rétention principal, il est présenté dans les textes comme un *quasi pignus*. (L. 13, § 8 *de act. empt.* ; L. 22, *de hered. vel act. vend.*; L. 31, § 8 *de æd. ed.* D.). Cette qualification même indique nettement la pensée du législateur, que l'on retrouve encore dans les lois 14, § 1 et 15, § 2, *de Furtis* D., où l'on accorde l'action *furti* au rétenteur qui s'est vu dérober la chose qu'il détenait en vertu de son droit.

Mais, disent nos adversaires, cette dernière considération ne prouve rien, puisque l'action *furti* n'était pas le privilége exclusif de ceux qui jouissaient d'un droit réel sur la chose, mais qu'elle appartenait à toute personne ayant un intérêt légitime et direct à la conservation de la chose. Ainsi de simples détenteurs précaires, le commodataire et le *conductor operis*, par exemple, pouvaient intenter l'action *furti*, par cela seul qu'ils étaient obligés par le contrat à restituer la chose. (Inst. Just. IV, I. § 13 à 17, II § 2.)

Cette objection ne porte pas et ne détruit en rien la conclusion que nous prétendons tirer des lois 14 et 15 *de Furtis*. En effet, dans les espèces prévues par nos adversaires, la soustraction est présumée opérée par un tiers, car si on la suppose faite par le propriétaire de la chose, commodant ou *locator*, le détenteur dépouillé n'a plus l'action *furti* et cela est logique, car la base de son action, c'est le recours que le propriétaire peut exercer contre lui, et ce recours n'a plus de raison d'être, du moment où le propriétaire est rentré en possession de sa chose. C'est ce qu'expriment les premiers mots du § 2 de la loi 15 précitée. L'hypothèse où nous raisonnons est toute autre. Et d'abord, la loi 14 § 1, *in fine*, prévoit le cas où la soustraction est commise par l'acheteur débiteur du prix de vente ; elle accorde l'action *furti* au vendeur, comme on l'accorderait au créancier dépouillé de son gage par le débiteur gagiste lui-même, *perinde ac si pignus subs-traxisset. L'in fine* du § 2 de la Loi 15 suppose que la chose a été enlevée par le propriétaire au commodataire créancier d'impenses ; elle donne à ce dernier l'action *furti*, « *quia eo casu quasi pignoris loco ea res fuit.* » On voit donc que l'action *furti* ne présente pas du tout le même caractère dans notre espèce que dans les cas prévus par nos adversaires. Le commodataire et le *conductor operis*, dans les espèces qu'ils nous opposent, n'agissent en définitive, en exerçant l'action *furti* contre le voleur, que dans l'intérêt et pour le compte du propriétaire. Dans notre hypothèse, au contraire, le vendeur et le commodataire exercent l'action *furti* contre l'acheteur et le propriétaire, dans leur seul intérêt et précisément pour sauvegarder leur droit de rétention, dont la réalité se trouve démontrée par l'assimilation que le législateur prend soin d'en faire avec le gage.

Mais, objecte-t-on, sur quel principe vous basez-vous pour justifier la réalité du droit de rétention ? Les autres créanciers du propriétaire sont tout aussi favorables que le rétenteur, pourquoi et comment celui-ci repousserait-il leur demande en restitution ?

La réponse est facile : la vérité est, en effet, que la position du rétenteur et celle des autres créanciers ne sont pas égales. Leur droit à être payés sur le patrimoine du débiteur, abstraction faite de toute cause de préférence, est uniforme, nous en convenons. Mais le rétenteur, en plus que ses co-créanciers, a la possession d'une chose faisant partie de ce patrimoine, et cette possession même constitue un avantage en sa faveur : *beati possidentes ! in pari causa, melior est causa possidentis !* A quel titre ses co-créanciers le forceraient-ils de se dessaisir ? S'ils exercent, du chef du débiteur, l'action en restitution, ils seront repoussés comme leur auteur le serait lui-même. Que si, au contraire, ils se fondent, pour agir, sur le droit de gage général qui appartient aux créanciers sur les biens du débiteur, ils succomberont également, puisque nous voyons le rétenteur triompher même des créanciers qui ont stipulé un gage ou une hypothèque (L. 29, § 2 *de pign. et hyp.*; L. 44, § 1, *de damn. inf.*, D.). Et cependant ceux-ci sont dans une position bien préférable à celle des créanciers chirographaires.

Quant au moyen à l'aide duquel le rétenteur repoussera la poursuite de ses créanciers, ce sera encore, nous semble-t-il, l'exception de dol, car il y a dol de leur part à vouloir lui enlever une chose qu'il détient conformément à la loi, et lui faire perdre les avantages attachés à sa possession.

Nos adversaires ont essayé de répondre à l'argument tiré de la Loi 29 précitée, en disant que le droit de rétention est opposable, dans l'espèce, aux créanciers hypothécaires, non point parce qu'il est réel, mais seulement parce qu'il y aurait injustice à laisser les créanciers hypothécaires s'enrichir aux dépens du rétenteur. Ils se fondent sur la doctrine de M. de Savigny (de la poss. p. 19), d'après laquelle le droit de rétention ne découlerait pas de la possession, et n'aurait rien de commun avec elle. (En ce sens, Lerminier : *de possessione analitica Savignanæ doctrinæ exceptio*, n° 6). Mais c'est là précisément une idée qu'il nous est impossible d'admettre, et qui nous parait en contradiction manifeste avec tous les principes qui régissent le droit de rétention. Nous verrons, en effet, en étudiant ses condition d'existence, que la première de toutes, c'est la possession ; qu'il ne vit qu'autant qu'elle dure et s'éteint avec elle. Sans doute, dans les rapports du propriétaire et du détenteur, la raison déterminante du droit de rétention est bien le dol du débiteur qui refuse de se libérer des obligations contractées à raison de la chose ; mais, nous le répétons, pour que le rétenteur puisse exercer son droit, il faut qu'il possède ; sinon, bien que le dol du débiteur persiste, le droit de rétention n'a plus de base.

En désespoir de cause, les partisans de la personnalité prétendent la déduire de la loi unique au Code : *Etiam ob chirograph. pecun. pig. ten. posse.* Ce texte prévoit l'hypothèse où une personne se trouve avoir en même temps, contre le même débiteur, deux créances distinctes : l'une garantie par un gage, l'autre purement chirographaire ; il décide que le créancier peut, jusqu'au paiement de la dette chirographaire, retenir l'objet donné en gage pour garantie de l'autre dette, alors même que le débiteur a payé ou offre de payer cette dernière ; la loi termine en refusant le droit de rétention à l'encontre d'un autre créancier du débiteur commun. Ceci prouve clairement, dit-on, que le droit de rétention n'est point réel, et n'existe que dans les rapports du débiteur et du créancier nanti.

Rien n'est plus inexact que cette conclusion. La loi qu'on nous oppose est exceptionnelle, et, comme telle, doit être renfermée dans ses termes. Dans quel but, en effet, a-t-elle été édictée? Perezius (Cod. liv. VIII, tit. 27, n° 2), nous l'explique en ces termes : « *Hujus » decisionis ratio est quod debitor improbe facere vi- » deatur non solvendo quod se debere fatetur, et ani- » mum satis improbum et malitiosum declarat seque » debitum hypothecarium, imo neutrum esse solutu- » rum, nisi metueret frustrari suo pignore.* » Ainsi donc, dans l'hypothèse prévue, le droit de rétention est donné uniquement pour punir le débiteur qui veut retirer son gage, sans remplir toutes les obligations qu'il a contractées vis-à-vis de son créancier. Le droit de rétention s'analyse ici en une véritable exception de dol, basée sur la mauvaise foi du débiteur. Or, quand ce sont ses autres créanciers qui agissent, ils ne font, en définitive, rien de contraire à la bonne foi, puisque le gagiste, que nous supposons désintéressé quant à la créance, objet du gage, n'a plus vis-à-vis d'eux aucun motif pour retenir la chose engagée. Le droit de rétention, dans l'espèce, ne présente aucun des caractères de celui dont nous soutenons la réalité. Nous n'y trouvons point le *debitum cum re junctum*, dont nous établirons plus tard la nécessité ; il n'y a eu ni impenses faites, ni paiement libératoire ; non, le seul motif de cette extension du droit de rétention accordé au gagiste, c'est la mauvaise foi du débiteur. La chose engagée n'est point en cause, on ne s'en occupe pas. Toute créance, quelque étrangère qu'elle soit à l'objet engagé, motivera la rétention. Donc ce droit, dans la loi du Code, est d'une essence tout autre que celui qui doit nous occuper, et l'on comprend facilement que leurs effets soient différents. Chercher dans cette loi, comme le veulent nos adversaires, la nature du droit de rétention, c'est aller se jeter, de gaieté de cœur, dans une impasse où nous les laisserons.

La réalité du droit de rétention nous semble parfaitement établie par toutes les considérations que nous avons développées, et nous n'insisterons pas davantage sur ce point.

Mais de ce que le droit de rétention est réel, sommes-nous autorisés à conclure qu'il constituait, à Rome, un démembrement du droit de propriété? Il faut répondre affirmativement. En effet, la propriété romaine se résolvait comme la nôtre, en trois attributs distincts : le *jus utendi*, le *jus fruendi* et le *jus abutendi*. Or, le rétenteur étant fondé à conserver la chose jusqu'à ce que le propriétaire ne l'indemnise, ce dernier se verra privé du droit d'user tant qu'il n'aura pas satisfait à son obligation. Sans doute, il ne perd pas la faculté de disposer de l'objet soumis au droit de rétention et les fruits lui appartiennent, bien qu'ils soient perçus par le rétenteur, mais le *jus utendi* se trouve atteint; il n'est donc pas vrai de dire que le *dominium* reste intact, et nous avions raison d'affirmer qu'il était démembré au profit du rétenteur.

B. — Le droit de rétention, de même que le gage, l'hypothèque et le privilége, est un droit accessoire, c'est-à-dire une sorte de droit parasite qui ne se comprend pas sans un droit de créance auquel il sert de garantie, et auquel son sort est indissolublement lié. Outre les modes d'extinction qui lui sont propres, il disparaît dès que la créance à laquelle il se rattache vient à s'éteindre pour une cause quelconque.

C. — Le droit de rétention, et en cela il se rapproche encore des autres droits réels accessoires que nous avons cités, est indivisible. C'est-à-dire que d'une part, le rétenteur, en partie désintéressé, a le droit de conserver la possession de la chose, si minime que soit la somme qui lui reste due ; d'autre part, que le droit de rétention affecte la chose retenue en totalité et chacune de ses fractions, pour le paiement de la dette entière. Cela se comprend parfaitement, car il y a autant d'injustice de la part du débiteur à vouloir rentrer en possession de sa chose sans se libérer intégralement, qu'à vouloir la reprendre sans se libérer du tout.

L'indivisibilité du droit de rétention est établie, en ce qui concerne le droit de rétention accessoire du gage, par les lois 65, *de Evict.*; 8, § 2, 9, § 3, 11, § 3 et 4, *de pignerat. act.*; 19, *de pign. et hyp.* au Dig., 1 et 2 *de luit. pign.* au Code ; et quant au droit de rétention principal, par la loi 13, § 8, *de act. empt.* au Digeste.

D. — Le droit de rétention est cessible (*Voët, ad Pandect.*, *de compensat.*, § 20, *in fine.*). Cette cession s'opérera par la double transmission de la créance et de la détention de la chose à l'occasion de laquelle la créance est née. Nous déduisons facilement la cessibilité du droit de rétention du § 1 de la loi 14, *communi dividundo*, D. L'*in fine* de ce paragraphe accorde, en effet, à l'acquéreur d'un fonds commun, le droit d'exercer la rétention pour impenses, du chef de son auteur, qui se croyait seul propriétaire, quand l'action *communi dividundo* sera intentée contre lui par l'autre copropriétaire.

Remarquons que le droit de rétention étant un droit accessoire, il ne saurait être question de le transmettre à un tiers, indépendamment de la créance qu'il garantit.

E. — Le droit de rétention peut avoir pour objet des meubles ou des immeubles ; les deux cas sont cités au Digeste. Toutefois, le gage s'appliquant surtout aux choses mobilières (Inst. Just. *de act.*, § 7; L. 238, § 2, *de verb. sign.*, D.), le droit de rétention, qui forme un de ses éléments, présente naturellement le même caractère.

La rétention peut-elle porter sur un meuble incorporel, en d'autres termes, un droit peut-il être retenu ? La négative résulte évidemment de cette considération que la rétention exige une détention physique, matérielle. La question est d'ailleurs sans intérêt pratique, puisque la chose, objet du droit, est susceptible d'être retenue.

La loi 25, *in fine* (*de Procurat.*, D.), qui parle d'une certaine *retentio* dont se prévaut le *procurator*, suppose, sans doute, que cette *retentio* s'exerce sur des actes qui sont entre les mains du mandataire, et notamment l'écrit qui constate ses pouvoirs. (En ce sens Voët, *ad Pand.*, lib III, tit. 3, § 23.)

Il résulte de la loi 30, *eod. titulo*, que le *procurator* qui a fait des avances dans le procès qu'il soutient pour le compte de son mandant, peut faire prononcer la condamnation à son profit, au moins jusqu'à concurrence de ce qui lui est dû, dans le cas où son mandant ne peut ou ne veut le désintéresser. M. Cabrye rapproche ce texte de la loi 25 précitée, et il en conclut que les jurisconsultes romains ont assimilé le *procurator* qui a fait des avances pour un plaideur insolvable, au *procurator in rem suam*. Dès lors, on rentrerait dans l'application de ce principe certain : que le *procurator in rem suam* ne peut pas être révoqué, et ainsi s'expliquerait la loi 25, où le mot *retentio* ne serait pas employé dans son sens exact. (V. Cabrye, p. 27.

Cette dernière interprétation est fort ingénieuse, mais par cela même qu'elle est beaucoup plus compliquée que celle de Voët, laquelle se présente tout naturellement à l'esprit, nous préférons nous en tenir à celle-ci.

CHAPITRE III

CONDITIONS REQUISES POUR L'EXISTENCE DU DROIT DE RÉTENTION

Pour jouir du droit de rétention, il faut satisfaire aux trois conditions suivantes : 1° Détenir la chose réclamée ; 2° être créancier du demandeur ; 3° être son créancier à l'occasion de la chose réclamée. Nous allons reprendre successivement ces trois propositions et les faire connaître dans leur développement.

Première condition. — Il faut détenir la chose réclamée. Cette condition se déduit sans peine du mot *retentio* lui-même ; pour retenir une chose, il faut l'avoir sous la main ; on ne retient que ce que l'on détient. Cela est de toute évidence, et les textes sont formels à cet égard. (L. 14, § 1, *communi divid.*, D. ; § 30, liv. 2, tit. 1, Inst. Just.)

Nous nous sommes servis à dessein de l'expression *détenir*, pour faire bien comprendre que l'on n'exigeait du rétenteur ni la *possessio civilis*, qui conduit à l'usucapion, ni même la *possessio naturalis*, insuffisante pour usucaper, mais que protégent les interdits. Pour se prévaloir du droit de rétention, il suffit d'avoir la chose sous sa main, *sub custodia et manu sua*. (L. 1, *proœm. de pign. et hyp.* ; L. 8, L. 18, § 4, *de commod.* D. ; *Faber, de error. pragmat.* D. 26, Er. 9, § 5.) Ce droit n'est donc point l'apanage exclusif du possesseur civil ou naturel, il le partage avec le simple détenteur.

Mais est-il nécessaire que la détention ait une cause licite, une *justa causa* ? Mulhenbruch, (doctr. *Pand.*, § 136, *in fine*,) admet l'affirmative. Remarquons, tout d'abord, que cette expression est prise ici dans un sens différent de celui où on l'emploie en matière d'usucapion; elle signifie, tout simplement, que le détenteur ne doit pas avoir acquis la possession par une voie illégitime. Mulhenbruch s'appuie, d'une part, sur la loi 152 *de reg. juris* D., qui pose en principe que tout acte de force constitue un délit ; or, un délit ne saurait être la source d'un droit; d'autre part, sur la loi 25 *de pign. et hyp.* D., qui refuse le droit de rétention lorsque le contrat de gage est entaché d'un vice qui le rend inutile.

On soutient l'opinion contraire en se fondant sur les lois 36 § 5 et 38 *de hæred. petit.* D., qui, accordant la rétention au *prædo*, donnent à penser qu'il n'y avait pas lieu de considérer l'origine de la possession du rétenteur.

Un troisième système (Cabrye, p. 15, Glasson, p. 7) essaie de concilier les deux premières opinions et les textes qui leur servent de base, en proposant la distinction suivante : ou la créance, que la rétention doit garantir, est née avant la prise de possession de la chose, ou bien elle est née postérieurement ; dans le premier cas, l'existence d'une *justa causa* est nécessaire, c'est l'hypothèse des lois 25 *de pign. et hyp.* et 152 *de reg. juris*; dans le second, il n'en est pas besoin, et c'est là l'hypothèse prévue par les lois 36, § 5, et 38 *de hæred. petit.*

En effet, dit-on, ces deux derniers textes accordent la rétention au *prædo* pour des créances postérieures à l'appréhension de la chose, puisque ces créances naissent d'impenses faites sur elle, tandis que la loi 25 *de pign. et hyp.* refuse ce droit au gagiste pour une créance antérieure à la mise en possession, puisque le droit de gage sert à garantir une dette préexistante. D'ailleurs, si la raison se refuse à admettre qu'un créancier améliore sa position par la fraude ou la violence, on comprend très-bien, qu'au cas où le détenteur est devenu par la suite créancier du propriétaire, l'illégalité de sa possession ne détruit pas l'injustice qu'il y a, de la part du demandeur, à vouloir se faire restituer sa chose sans payer lui-même ce qu'il doit au défendeur.

Cette distinction est-elle exacte, et ce système donne-t-il le véritable sens des textes que nous avons cités? Nous ne le pensons point; aussi nous adoptons le deuxième système, dont l'évidence est démontrée par les lois 36, § 5 et 38 *de hæred. petit.*, et voici comment nous expliquons les deux autres textes:

La loi 25 *de pign. et hyp.* n'a aucunement trait à la *justa causa*; si elle refuse la rétention au gagiste, c'est tout uniment parce qu'une fois que le contrat de gage disparaît, par suite du vice dont il est entaché, on doit appliquer, non plus les principes du droit de rétention accessoire ou conventionnel, mais bien ceux du droit de rétention principal. Or, pour que ce dernier existe, il faut, comme nous l'avons dit au début de ce chapitre et comme nous l'établirons tout-à-l'heure, que la créance soit née à l'occasion de la chose retenue. Mais dans l'hypothèse prévue par la loi 25, cette condition est-elle remplie ? Non, évidemment, puisque c'était précisément pour garantir une créance déjà existante, que la chose avait été donnée en gage. Par conséquent, il est naturel et conforme aux principes de la rétention que le créancier, le contrat de gage croulant, ne puisse plus retenir la chose. La loi 25 n'est donc qu'une application des règles générales du droit de rétention, et l'origine de la possession n'a rien à faire dans l'espèce.

Quant à la loi 152 *de reg. juris*, la solution est la même. Si le créancier s'empare violemment d'une chose appartenant à son débiteur, il n'aura pas le droit de la retenir, non pas parce qu'une possession violente ne peut fonder aucun droit, mais parce qu'il n'y a point de connexité entre sa créance et la chose appréhendée. Si, au contraire, il a fait des impenses sur la chose, il pourra la retenir, malgré le vice originel de sa possession, parce que les conditions requises pour l'existence du droit de rétention sont remplies, et qu'en cette matière, dans notre opinion, l'origine de la possession est indifférente.

Deuxième condition. — Il faut être créancier du demandeur. Ainsi la loi 14 *de donat.* D. refuse le droit de rétention à celui qui a cultivé le fonds d'autrui dans un but de pure libéralité ; et en effet, le gérant d'affaires, qui agit *donationis causa*, n'est point un créancier.

Est-il indispensable que la créance du rétenteur soit liquide ? Quelques auteurs font la distinction suivante : s'il s'agit d'un procès où le juge ne peut que condamner ou absoudre, cette condition n'est pas exigée ; si, au contraire, il s'agit d'un procès où le juge a le droit de compenser les deux dettes, ce qui arrive dans les actions *bonæ fidei*, la créance en question doit être liquide (Thibaut, Pandect. rechte, § 311, *in fine.* ; Glasson, p. 8.).

Ce système doit être rejeté, car il repose sur cette idée que l'exception de dol opposée à l'action, *retentionis causa*, entraîne l'absolution du défendeur si le demandeur persiste à ne point vouloir le rembourser ; or, ce point de vue est complètement faux, et nous prouverons, dans notre chapitre V, que l'exception de dol n'a d'autre effet que de diminuer la condamnation à intervenir contre le défendeur. La distinction proposée manque de base. Faut-il décider, avec Mulhembrüch (§ 136), que, dans tous les cas, la créance du rétenteur doit être liquide (Arg. L. 14, § 1 *de Compensat.* Cod.) ? Nous ne le pensons pas ; toutefois, le juge pourra fixer au créancier un délai pendant lequel il devra faire liquider sa créance, sous peine d'être déchu de son droit de rétention.

Reste une question : faut-il que la créance, garantie

par le droit de rétention, découle d'une obligation civile, ou bien une obligation prétorienne est-elle suffisante? Il n'est besoin, pour y répondre, que de rappeler que le droit de rétention, au moins en tant que droit principal, a été appliqué d'abord par le prêteur ; et, dès lors, il va de soi que ce droit, emprunté à l'équité, a dû être employé à garantir des obligations puisées à la même source.

Allons plus loin ; dès là que le prêteur reconnaît et protége les obligations naturelles (L. 10 *de obligat. et act.* ; L. 16, § 4 *de fidejuss.* ; L. 7, § 4 *de pactis.* ; L. 9, § 4, 5, L. 10, *de S. C. Macedon.* ; L. 1, § 17, *ad. leg. Falcid.*), il s'ensuit nécessairement que le droit de rétention, sûreté prétorienne, pouvait leur servir de garantie (Ant. Faber, *Rationalia ad* L. 11, § 2, *de pignerat. act. vel cont.* ; Cujas, observ. lib. 18, cap. 10.).

Troisième condition. — Il faut être créancier du demandeur à l'occasion de la chose réclamée : *ut id, quod per retentionem nobis velimus servare... connexum sit cum eo, quod a nobis petitur.* (Mulhenbrüch, *loc. cit.*)

Cette nécessité d'une relation entre la dette du demandeur et la chose retenue, *debitum cum re junctum,* a été contestée par M. Cabrye (p. 17 et suiv.); d'après lui, le droit de rétention existait même pour des créances étrangères à la chose retenue.

Avant d'entrer dans la critique de cette opinion, nous ferons remarquer que nous n'appliquons cette condition de connexité entre la créance et la chose, qu'au seul droit de rétention principal. Il est bien évident, en effet, que le contrat de gage ou d'antichrèse, supposant, pour produire son effet, une dette déjà née, il peut très-bien se faire, et c'est ce qui arrivera le plus souvent, que la chose remise en nantissement n'ait aucun rapport avec la dette dont elle garantit le paiement ; ce qui n'empêchera pas le droit de rétention d'exister au profit du créancier nanti. Mais, nous le répétons, nous sommes là en matière de convention, et l'on n'en doit rien inférer pour résoudre la question au cas où le droit de rétention naît *principaliter*, indépendamment de tout accord de volonté. Ceci dit, revenons à notre sujet, et examinons les textes que notre adversaire nous oppose.

C'est d'abord la loi 1, *procem.*, *de pign.*, *et hyp.*, D. qui prévoit l'espèce suivante : un individu hypothèque, pour la garantie de sa dette, une chose dont il n'est ni propriétaire, ni créancier ; postérieurement, il acquiert le *dominium* de cette chose ; la convention d'hypothèque va-t-elle être validée rétroactivement par cette acquisition? Oui, si le créancier ignorait que la chose appartînt à autrui, lorsqu'il a stipulé l'hypothèque ; dans le cas contraire, Papinien penche pour la négative ; mais si le créancier est nanti de la chose, il lui accorde le droit de rétention. Or, dit-on, dans l'espèce, la créance du rétenteur n'est pas née à l'occasion de la chose qu'il détient, donc, etc.

Il est facile d'expliquer pourquoi Papinien accorde

ici le droit de rétention. En effet, la question de savoir si le contrat de gage était validé par l'acquisition du *dominium* était résolue affirmativement par d'autres jurisconsultes, et les lois 16, § 7, *de pign. et hyp.*, et 41 *de pignerat. act.* D., accordent l'action servienne utile au créancier. Papinien se trouvait donc seul à la lui refuser, et son isolement même l'amenait à chercher la conciliation sur le terrain du droit de rétention. D'ailleurs, il ne refuse pas l'action Servienne d'une manière absolue, car il emploie l'expression *difficilius... dabitur*, expression qui, dans l'espèce, étant donnée la controverse existante, indique au moins un doute et non point une négation pure et simple, comme le prétend notre adversaire. Il nous paraît donc peu logique de vouloir chercher dans un cas aussi douteux, une règle applicable au droit de rétention en général.

Nous irons même plus loin : en admettant, avec Papinien, que le créancier ne doive avoir que le droit de rétention, nous soutenons que ce droit, dans l'espèce, n'est autre chose que le droit de rétention conventionnel ou accessoire ; n'a-t-il pas, en effet, sa source et sa raison d'être dans un contrat de gage, contrat vicieux et imparfait sans doute, mais dont le jurisconsulte tient compte pour en faire dériver sa solution ?

Il est vrai que ce droit forme la seule garantie du créancier, mais il n'existe, en quelque sorte, qu'en qualité de survivant des autres éléments du gage ; il participe de la nature conventionnelle de ce dernier, et l'on ne peut raisonnablement l'assimiler au droit de rétention principal.

Le second texte qu'on nous oppose est la loi 26, § 4, *de condict. indeb.* D., qui prévoit l'hypothèse suivante : un individu, se croyant à tort débiteur de 200, alors qu'il ne doit que 100, donne en paiement à son créancier un fonds valant 200. La *datio in solutum* étant autorisée (Inst. Just., Liv. 3, tit 29, pr.; L. 1, § 5, *de pecun. const.*, L. 2, § 1, *in fine, de reb. cred.* D.; L. 17, *de solut.* Cod.), on devrait décider ici que le paiement est valable, que seulement, le débiteur, ayant payé plus qu'il ne devait, peut réclamer la moitié du fonds. Ce n'est pourtant pas là ce que décide Ulpien ; d'après lui, la dette primitive n'a pas été éteinte, le paiement n'est pas valable, et le débiteur pourra répéter la totalité du fonds; il motive sa solution, en disant que l'on ne doit pas être contraint d'entrer dans l'indivision : « *nemo invitus compellitur ad communionem,* » attendu que c'est un état fertile en discordes, que la loi voit d'un œil défavorable. (L. 77, § 20, *in fine. de leg. sec.* D.). Mais Ulpien accorde au créancier le droit de rétention sur le fonds, pour garantir la dette de 100, dont le débiteur était primitivement tenu.

Or, conclut notre adversaire, peut-on dire que la créance est connexe à la chose? Non, évidemment; il est incontestable que la dette, née d'une stipulation, est complètement étrangère au fond qui, par erreur, a été donné en paiement; donc, etc.

On verra ce qu'il faut penser de cette argumentation, lorsque nous aurons rappelé sommairement quelques principes qui nous donneront le véritable sens de l'espèce proposée.

D'abord, les textes n'accordent au *solvens* qu'une simple *condictio* pour répéter ce qu'il a payé indûment ; d'où il suit que le paiement indû n'en transfère pas moins la propriété à celui auquel on paie (L. 53, *de cond. indeb.*, D.).

Remarquons ensuite que la *condictio indebiti*, tendant à obtenir une restitution, doit prendre rang parmi les actions arbitraires (si l'on adopte, comme nous croyons devoir le faire, le *criterium* de M. de Savigny).

Cela posé, voici ce qui va se passer dans l'espèce : Le créancier, poursuivi en restitution, opposera l'exception de dol, car il y a dol de la part du débiteur à vouloir recouvrer la chose, sans payer ce qu'il doit ; le juge rendra alors un *arbitrium* conditionnel : il ordonnera au créancier de retransférer au débiteur la propriété de la chose indûment payée, mais en lui permettant d'attendre, pour opérer cette translation de propriété, que le débiteur lui ait remboursé les 100 qu'il lui doit. Nous sommes donc amenés, par la force des principes, à reconnaître que le créancier conservera la propriété de la chose, jusqu'à ce qu'il la transfère au débiteur, ce qu'il peut différer tant que celui-ci ne s'exécute pas. Voilà, ce nous semble, comment il faut entendre cette phrase du texte : « *Ager autem retinebitur, donec debita pecunia solvatur.* »

Ne serait-il pas dérisoire, en effet, de permettre à un individu d'exercer le droit de rétention sur une chose dont il est propriétaire? Cela n'a jamais pu entrer dans la pensée d'Ulpien. La loi 26, § 4, ne s'occupe donc que d'une question de propriété; elle n'a nullement trait au droit de rétention, et l'on n'en peut rien inférer contre la nécessité du *debitum cum re junctum.*

Nous croyons avoir répondu d'une manière satisfaisante aux objections de notre adversaire, mais en admettant même qu'il ait découvert deux fragments où le droit de rétention existe sans qu'il y ait connexité entre la dette et la chose retenue, il n'en serait pas moins permis de croire que cette condition était exigée à peu près universellement, en présence de la multitude de textes qui la mentionnent : (L. 50, § 1, *de hered. petit.*; L. 27, § 5., L. 48, *de rei vind.*; L. 2, *pr. de leg. Rhod.*; L. 8, *pr. de pign. act.*; L. 18, § 4, *commod.*; L. 15, § 2., L. 53, § 4., L. 59, *de furt.*; L. 13, § 8, *de act. empti*; L. 31, § 8, *de ædil. act.*; L. 9, § 3, *de dam. inf.*; L. 8, *de incend. ruin.*; D.).

En résumé, pour jouir du droit de rétention, il faut avoir la possession de la chose réclamée, être créancier du demandeur, et ce, à raison de la chose retenue. Quand ces trois conditions concourent, le droit de rétention existe, à moins que la demande du réclamant ne soit de celles pour lesquelles la loi n'admet ni compensation, ni rétention, comme on en voit des exemples dans les lois 11, *depositi*; L. *unic.* § 5, *de rei uxoriæ act., Cod;* L. 5 *de dote prælег.*; L. 18, § 4, *commodati.*; L. 15, § 2., L. 59, *de furtis*, D. L. 4, *de commod. Cod.*

CHAPITRE IV

DROITS ET OBLIGATIONS DU RÉTENTEUR.

Le premier droit que nous rencontrons, en examinant la position particulière du rétenteur, c'est la faculté, dont il jouit, de conserver entre ses mains, jusqu'à ce qu'il soit complètement désintéressé, la chose à l'occasion de laquelle sa créance a pris naissance. Nous allons voir si ce droit est le seul qui lui appartienne, ou bien si l'on doit y joindre ceux que nous allons passer en revue.

Et d'abord, le rétenteur peut-il se servir de la chose retenue? Non, assurément, car le contrat de gage lui-même, à moins d'une disposition expresse à cet égard, ne comprend pas la faculté d'user des choses impignorées (*Inst., Just.*, lib. 4, tit. 1, § 6); le gagiste qui se servirait de l'objet engagé commettrait le *furtum usûs* (L. 54, *de furtis*, D.). Par *à fortiori*, nous devons étendre cette décision au droit de rétention, sûreté beaucoup plus restreinte que le gage. Mais est-ce à dire que le propriétaire de la chose pouvait, lorsque le rétenteur en usait contre sa volonté, le poursuivre en restitution, comme il en avait le droit vis-à-vis d'un créancier gagiste (L. 24, § 3, *de pign. act.* D.; L. 7, *de pign. act.* Cod.)? Nous ne le croyons pas; il est probable que, dans ce cas, le propriétaire pouvait exiger que la chose fût remise en mains tierces, et conclure à des dommages-intérêts qui venaient en déduction de ce qu'il devait au rétenteur.

Comme conséquence de ce qui précède, on comprend que, dans le cas où la chose est frugifère, le rétenteur n'aura pas le droit de faire les fruits siens, sinon il s'enrichirait aux dépens du propriétaire. Mais faut-il, au moins, l'autoriser à imputer les fruits sur sa créance?

On a soutenu l'affirmative (Dalloz, rép. alph., v° rétent. n° 63), en s'appuyant sur des textes qui, dit-on, accordent clairement ce droit au rétenteur (L. 1, L. 2, L. 3, *de pign. act.*; L. 1, *de distr. pign.*, Cod.; L. 5, § 21, *ut in possess. legat.* D.).

Cette opinion nous semble inadmissible, par la raison qu'elle exagère beaucoup le sens des textes qu'elle cite. Ceux-ci, en effet, n'autorisent pas le créancier à percevoir les fruits, mais se bornent à décider, qu'au cas où il les aura perçus, il pourra les imputer sur ce qui lui est dû. Or, comme dans ces différentes hypothèses le jurisconsulte ne fait allusion qu'au gage, il est présumable que le contrat, qui l'avait établi, contenait une clause permissive relativement à la perception des fruits par le créancier. Le droit de rétention principal ne supposant aucune convention, on est en droit de conclure que les dispositions des textes précités ne lui sont point applicables.

Pour nous, nous acceptons l'opinion émise par M. Rauter, (*Rev. étrang.*, *loc. cit.*), à savoir que le droit du rétenteur sur les fruits, se réduit au pouvoir de les conserver comme la chose même qui les produit. C'est la conséquence de ce principe : que les fruits du gage en font partie (L. 13, *de pign. et hyp.* D.; L. 3, *in quib. caus. pign.* Cod.).

Mais au cas où les fruits ne sauraient être conservés sans détérioration, le rétenteur aura le choix de les vendre pour le compte du propriétaire, ou de les mettre à la disposition de ce dernier, lequel restera libre de les recevoir ou d'en offrir l'imputation au rétenteur, sans pouvoir toutefois le contraindre à l'accepter, car il a toujours été admis que le débiteur ne pouvait payer autre chose que l'objet dû, sans le consentement du créancier. (Gaii, inst. III, § 168; L. 46, *pr. de solut.* D.; nov. IV, chap. 3.).

Nous avons vu précédemment (chap. II) que le rétenteur ne pouvait transmettre son droit à un tiers, sans lui céder en même temps la créance garantie. Ici se présente la question de savoir ce qu'il faut penser d'une cession, ayant pour unique objet l'exercice du droit de rétention. Argumentant par analogie de la loi 1, *si pign. pignor.* Cod., qui autorise le créancier gagiste à céder l'exercice de son droit, nous concéderons cette faculté au rétenteur. Qu'on n'objecte pas qu'en remettant la chose retenue à un tiers, il perd la détention, car ce tiers détient, non pour lui-même, mais bien au nom et pour le compte du cédant. En fait, il n'y a qu'un seul droit réel, celui du rétenteur, et la cession de l'exercice de ce droit n'engendre, entre les parties contractantes, que de simples droits personnels. Le cessionnaire peut refuser la restitution de la chose au cédant, tant que celui-ci ne l'a pas désintéressé, mais comme, en définitive, son droit n'est qu'une émanation de celui du rétenteur, il ne survit pas à l'extinction de ce dernier (L. 40, § 2, *de pign. act.*; L. 13, § 2, *de pign. et hyp.* D.). *Secundum pignus a primo pendet.* (*Faber, rational. ad leg. 40 de pign. act.*). Si donc le débiteur désintéresse le rétenteur, le droit de celui-ci s'éteint, et par suite, aussi, celui du sous-gagiste : *neque persecutio dabitur, neque retentio relinquetur* (L. 40, § 2, *de pign. act.*; *Cujas, ad hanc leg.*). C'est une application du principe : *Resoluto jure dantis, resolvitur jus accipientis.* (V. Glasson, p. 78, Cabrye, p. 156.)

Quid du droit d'expropriation ? Sous ce rapport, la rétention ne confère aucun avantage particulier au créancier. S'il poursuit la vente, ce ne peut être qu'en qualité de créancier chirographaire, car en abandonnant la possession, il perd son droit de rétention, et ne peut prétendre qu'à un simple concours au marc le franc.

Il suit de là que le rétenteur ne jouit d'aucun droit

de préférence sur le prix de la chose ; sa seule supériorité sur les autres créanciers consiste en ce qu'il peut refuser de restituer la chose, jusqu'à ce qu'il ait été complètement désintéressé ; c'est un droit de préférence indirect, si l'on veut, mais qui suppose que le créancier détient la chose, et qui, par conséquent, ne doit pas être confondu avec le droit de préférence tel qu'on l'entend d'ordinaire.

La possession ou la détention étant l'unique fondement, l'*ultima ratio* du droit du rétenteur, il faut lui refuser le droit de suite. Observons, cependant, que telles hypothèses pouvaient se produire où le rétenteur avait les interdits, et, par cette voie, la possibilité de recouvrer la possession perdue ; cela se présentait dans le cas du droit de rétention accessoire du gage, de la possession de bonne foi et même de la possession de mauvaise foi, en supposant qu'elle existât *nec vi, nec clam, nec precario ab adversario*. Mais n'oublions pas que, dans ces divers cas, si le rétenteur pouvait ressaisir la chose sur laquelle s'exerçait son droit, ce n'est point parce que la rétention entraînait le droit de suite, mais bien parce qu'il avait la *possessio ad interdicta*. En conséquence, le simple commodataire, n'ayant que la détention, ne jouissait pas des interdits ; mais il lui restait une ressource, au cas de vol, c'était d'intenter l'action *furti* contre le voleur et d'exercer son droit de rétention sur la somme provenant de la condamnation, comme il l'eût exercé sur la chose même (L. 15 *pr. de furtis*. D., arg.). Lorsque le vol avait été commis par le *dominus* lui-même, on accordait aussi contre lui l'action *furti* au commodataire, rétenteur pour impenses (L. 15, § 2, *de furt.* D.).

Maintenant que nous savons quels droits étaient accordés ou refusés au rétenteur, il nous reste à dire un mot des obligations qui lui incombaient : dès là qu'il était forcé de restituer la chose, après paiement, il s'ensuit qu'il devait apporter ses soins à sa conservation. La nature et l'étendue de ces soins est déterminée par le but même du droit de rétention, lequel a été établi pour sauvegarder les intérêts du créancier. Par conséquent, il va de soi que celui-ci doit se comporter vis-à-vis de la chose retenue comme un bon père de famille (L. 14 *de pign. act.* D.), c'est-à-dire qu'il répond, non-seulement de son dol et de sa faute lourde, mais même de sa faute légère, sans qu'il y ait à distinguer entre la *culpa in committendo* et la *culpa in omittendo*. Le rétenteur, en un mot, doit *præstare custodiam et diligentiam* (L. 11, *de pign. et hyp. Cod.*).

CHAPITRE V.

VOIES JURIDIQUES PAR LESQUELLES S'EXERCE LE DROIT DE RÉTENTION.

Nous avons déjà dit (V. chap. I), que le droit de rétention se résolvait en un moyen de défense indirect à une action *in rem* ou *in personam*, tendant à la restitution de la chose détenue.

Il est évident, en effet, que le rétenteur n'attaque en aucune façon la légitimité de la demande prise en elle-même ; il ne nie point que le demandeur soit réellement propriétaire ou créancier, et se borne à soutenir qu'il y a dol de sa part, à vouloir se faire restituer la chose, sans s'être préalablement libéré envers lui.

Nous avons vu également que ce moyen de défense s'exerçait différemment, suivant qu'il s'agissait d'une action *stricti juris*, ou d'une action *bonæ fidei*. Au premier cas, le *judex*, astreint à se conformer, d'une manière absolue, aux principes rigoureux du Droit civil, ne peut tenir compte des moyens d'équité invoqués par le défendeur, qu'autant que le prêteur lui en a donné le pouvoir dans la formule d'action qu'il délivre ; il s'ensuit que le créancier qui voulait faire valoir la rétention, devait avoir soin de requérir l'insertion de l'exception de dol dans la formule , sans quoi il était condamné à une restitution pure et simple au profit du demandeur.

Dans les actions *bonæ fidei*, au contraire, il n'était pas nécessaire d'insérer l'exception, attendu que la formule conférait, d'une manière générale, à l'*arbiter*, le pouvoir de tenir compte de tous les moyens d'équité qui militeraient en faveur du défendeur, sans même que ce dernier eût besoin de les invoquer. Il s'ensuit que toutes les fois que, dans une action *bonæ fidei*, il y avait lieu à rétention, l'*arbiter* l'accordait, constatant, soit de lui-même, soit sur la réclamation du défendeur, le dol du demandeur.

Mais quel était l'effet de cette constatation? Dans les actions de bonne foi, pas de difficulté ; l'*arbiter* ne condamnera le défendeur à restituer la chose retenue, que sous la condition que le demandeur lui paiera préalablement ce qu'il lui doit à raison de cette chose. L'équité indique cette solution, et il faut l'adopter, puisque l'équité règne en souveraine dans les actions *bonæ fidei*.

Doit-il en être de même en matière droit de strict? Certains commentateurs ont prétendu que l'admission de l'exception de dol y avait pour effet d'entraîner l'absolution du défendeur, si le demandeur se refusait à le désintéresser ; ils prétendent que leur solution est la conséquence même des principes. En effet, disent-ils, la formule n'est-elle pas ainsi conçue : « S'il apparaît que le défendeur doive le fonds Cornélien, et qu'il n'y ait pas dol de la part du demandeur, juge, condamne, etc. » Or, l'existence du dol étant reconnue, le défendeur doit être absous.

Ce système est inadmissible, car il consacre une injustice flagrante à l'égard du demandeur ; la vérité est que l'exception de dol, insérée dans la formule de l'action *stricti juris*, donnait au *judex* un pouvoir identique à celui qui naissait, pour l'*arbiter*, de l'action *bonæ fidei*. Il rendra un *arbitrium* conditionnel, accordant au demandeur les satisfactions qui lui sont dues, mais disant au défendeur : « Vous n'exécuterez l'*arbitrium* que lorsque le demandeur vous aura payé ce qu'il vous doit.» Si le demandeur refuse de payer, le procès s'arrête-là, et il ne pourra obtenir de condamnation contre le défendeur.

Notre solution se justifie aisément par cette considération que l'exception de dol permettait au juge de prononcer d'après l'équité, et non plus seulement d'après les principes rigoureux du Droit civil (Pellat, principes généraux, p. 272). Elle se trouve, d'ailleurs, clairement établie par les textes (L. 38, L. 48, *de rei vindicat.* D.).

Nous avons vu que le défendeur, qui omettait de réclamer l'insertion de l'*exceptio doli* dans la formule de l'action *stricti juris*, était condamné à une restitution pure et simple. Mais en perdant son droit de rétention, perdait-il aussi tous moyens de rentrer dans ses déboursés ? Il faut distinguer s'il existait entre le rétenteur et le propriétaire un lien d'obligation, ou bien s'ils n'étaient unis par aucun *vinculum juris*. Au premier cas, le détenteur pouvait réclamer, par voie principale et distincte, ce qui lui était dû (L. 8, *pr. de pign. act.*; L. 18, § 4, *commodati* ; L. 15, § 2, *de furtis*; L. 14 § 1, *communi divid.*; L. 50, § 1, *de hered. petit.* D.). Mais, dans l'espèce, l'action qui lui appartenait était complètement étrangère à la rétention, et n'avait d'autre fondement que le contrat ou le quasi-contrat préexistant. Dans le second cas, au contraire, la déchéance du droit de rétention enlevait au défendeur la seule voie qui lui fut ouverte pour se faire désintéresser par le demandeur, car le simple *vinculum æquitatis*, qui justifiait la rétention, était insuffisant pour engendrer une action (*Faber de error. pragmat.*, D. 26, Er. 9, § 7. ; Balduinus, jurispr. Rom. et att., t. 1, p. 290). Et cela n'est point contraire aux textes, lesquels nous montrent que le droit de rétention existe dans des hypothèses où il n'y a point d'action au profit du défendeur (L. 51, *de condict. indib.;* L. 21, *ad.* S. C. Trébell ; au lieu de *similem*, lisez *non similem*, suivant la correction de Cujas et Faber).

Cependant, plusieurs commentateurs ont soulevé la controverse pour le cas du possesseur, qui, après avoir fait des impenses, a perdu la possession, ou livré la chose au propriétaire ; à défaut du droit de rétention qu'il n'a plus, les uns, comme le glossateur Martin, et après lui Pothier, lui accordent l'action *negotiorum gestorum* ; les autres, comme Cujas, la *condictio indebiti*.

Cette divergence d'opinions sur le choix de l'action à donner au possesseur, est déjà une première raison de douter de l'excellence de cette doctrine. Mais ce qui nous la fait rejeter sans hésitation, c'est que les textes, qui s'occupent du possesseur, déclarent formellement qu'il ne peut agir que par voie d'exception (L. 48, *de rei vendic.* ; L. 14, *de dol. mal. et met. except.* ; L. 33, *in fine, de condict. indeb.* D.).

Bien que des dispositions aussi catégoriques que celles contenues dans les lois que nous venons de citer, suffisent à frapper d'impuissance les arguments de nos adversaires, nous allons pourtant les examiner et montrer qu'il est facile d'y répondre d'une manière directe.

Le système qui accorde au possesseur l'action *negotiorum gestorum utilis*, s'appuie sur les lois 6, § 3, *de neg. gest.*, 8, *de pign. act.*, 7, § 16, *in fine*, *solut. matrimon.*, D.

La loi 6, § 3, suppose qu'un *deprædator* a fait des impenses sur le fonds d'autrui, et comme elle le soumet à l'action directe de gestion d'affaires, l'équité voulait qu'elle lui accordât l'action contraire pour répéter ses déboursés. Mais étendre cette décision au possesseur, c'est se mettre en contradiction avec tous les principes de la gestion d'affaires ; car, pour qu'il y ait *negotium gestum*, il faut, de toute nécessité, que l'on sache que la chose appartient à autrui, et c'est ce qui a lieu pour le *deprædator*. Le possesseur, au contraire, croyait la chose sienne, et, en faisant des impenses, il a entendu faire sa propre affaire et non celle d'autrui ; par conséquent, on ne saurait le considérer comme un gérant d'affaires, ni lui appliquer la disposition de la loi 6.

Les deux autres lois, 8, *de pign. act.*, et 7, § 16, *soluto matrimonio*, méritent également une fin de non recevoir, car elles supposent un contrat entre le propriétaire et le détenteur, et si ce dernier peut agir par voie d'action, c'est une conséquence du contrat. Or, dans l'hypothèse du possesseur, il n'y a point de contrat, et l'analogie n'existe pas.

S'il pouvait subsister quelques doutes, la loi 14, § 1, *communi divid.* suffirait à les dissiper : le jurisconsulte y distingue le cas où le possesseur a su que la chose qu'il détenait appartenait à autrui ou lui était commune avec d'autres personnes, et le cas où il la croyait sienne. Dans la première hypothèse, il accorde au possesseur l'action utile de gestion d'affaires pour répéter ses impenses, dans la seconde, il ne lui donne que le droit de rétention, parce qu'alors il n'a entendu obliger personne envers lui.

Quant à l'argument tiré du mot *repetitionem* (L. 5, *de rei vind.* Cod.), il ne porte pas, attendu que cette expression s'applique à toute réclamation faite en justice, que ce soit par voie d'action ou par voie d'exception (L. 1, *de except.* D., argum.).

Mais si nous refusons au possesseur l'action *negotiorum gestorum utilis*, ne faut-il pas lui accorder, comme le veut Cujas, la *condictio indebiti*? Pas davantage, et cela pour deux raisons : La première, c'est qu'il n'existe entre le propriétaire et le possesseur aucune relation de créancier à débiteur ; restituer la chose d'autrui, ce n'est point opérer un paiement. La seconde, c'est que tout paiement suppose une translation de propriété ; or, le possesseur n'a pas pu transférer une propriété, qu'il n'avait pas, à celui qui n'a pas cessé de l'avoir, et, par suite, on ne peut pas dire qu'il y ait eu paiement.

Les doctrines de Cujas et de Pothier doivent donc être rejetées, comme contraires aux vrais principes du droit romain. Si elles ont été patronnées par ces deux éminents jurisconsultes, M. Cabrye (p. 40), en donne une explication qui nous paraît assez exacte : « A » l'époque où ils ont écrit leurs Commentaires, dit cet » auteur, le droit romain était encore droit-loi dans » une partie de la France, et ils pouvaient être en- » traînés à modifier ce que ses décisions semblaient » présenter de rigoureux, pour faire passer dans la » pratique la théorie qui leur paraissait la plus équi- » table, fût-ce même au dépens de l'exactitude his- » torique. »

Nous avons vu, en terminant le chapitre IV, que dans certains cas particuliers le rétenteur, qui avait perdu la détention, pouvait avoir un moyen indirect de la recouvrer ; nous ne reviendrons donc pas sur ce point, nous bornant à un simple renvoi.

CHAPITRE VI

PRINCIPAUX CAS OU L'ON RENCONTRE LE DROIT DE RÉTENTION.

Le droit de rétention étant toujours admis, sauf quelques cas exceptionnels (L. 18, § 4 *commodat.*; L. 15, § 2 ; L. 59, *de furtis*, D.; L. 4, *de commod.*,

Cod.; L. 11, *depositi*; L. 1, § 5 *de rei uxor. act.* Cod.; L. 5, *de dote prælegata*, D.), toutes les fois que le détenteur se trouvait créancier du propriétaire à raison de la chose, il s'ensuit qu'on le rencontre très-fréquemment dans les textes. Faire une nomenclature de toutes ces hypothèses, nous entraînerait trop loin ; nous nous bornerons à examiner le cas le plus usuel, celui du possesseur qui a fait des impenses sur la chose. Nous distinguerons successivement s'il s'agit d'impenses nécessaires, utiles ou simplement voluptuaires.

Premier cas. — Les dépenses nécessaires sont celles qu'exige la conservation totale ou partielle de la chose : *quibus non factis res aut peritura aut deterior futura esset* (Ulp. *reg.* tit. VI, § 15), par exemple, la reconstruction d'un édifice qui menace ruine.

De deux choses l'une : ou l'objet réclamé est aux mains du possesseur, ou il a péri.

Dans la première hypothèse, le possesseur a le droit de retenir la chose tant qu'il n'est pas complétement désintéressé ; et cette décision s'applique aussi bien au possesseur de mauvaise foi qu'au possesseur de bonne foi (L. 5, *de rei vind.*, Cod.), car il serait souverainement injuste que le propriétaire profitât de la mauvaise foi du possesseur pour s'enrichir à ses dépens, alors que ce dernier devait agir comme il l'a fait (L. 206, *de reg. juris*, D.).

Dans la seconde hypothèse, il faut sous-distinguer :

1° Le possesseur est tenu de la valeur de la chose périe ; cela peut arriver pour le possesseur de bonne foi lorsque la chose a péri depuis sa demeure ou par sa faute ou son dol, et pour le possesseur de mauvaise foi lorsque la chose a péri même par cas fortuit, depuis la *litis contestatio*, ou, enfin, sans qu'il y ait à considérer la bonne ou la mauvaise foi du possesseur, lorsque son obligation de restituer se trouve novée en une obligation de payer une certaine somme (L. 15, § 1, 3; L. 17; L. 21; L. 22, *de rei vind.* D.; L. 40, *de hered. pet.* D.). Dans ces divers cas, il n'y a pas lieu à rétention, puisque la chose n'existe plus, mais le possesseur compensera, jusqu'à due concurrence, ce qui lui est dû à raison de ses impenses, avec la somme qu'il doit au propriétaire;

2° Le possesseur n'est pas tenu de la valeur de la chose périe, ce qui arrive lorsqu'il est de bonne foi, et que la chose a péri par cas fortuit depuis la *litis contestatio* (L. 15, § 3; L. 16, § 1; L. 27, § 2, *de rei vind.*; L. 40, *de hered. pet.*, D.). Dans ce cas, le propriétaire perd sa chose, et le possesseur perd ses impenses; car ce dernier n'étant soumis à aucune action ne peut évidemment se servir de l'exception de dol; et, d'autre part, nous avons établi précédemment qu'on ne lui accorde pas d'action.

Cependant la loi 38, *in fine, de hered. petit.*, fait exception au profit du possesseur de bonne foi d'une hérédité, auquel elle confère le droit de retenir les autres objets héréditaires, jusqu'au paiement intégral des impenses par lui faites sur la chose périe. Cette décision est conforme aux principes, car l'hérédité étant une universalité qui subsiste indépendamment des transformations qu'elle subit par augmentation ou diminution, il s'ensuit que c'est l'hérédité entière qui doit garantir les dépenses faites à l'occasion d'une de ses parties. D'ailleurs, le possesseur de l'hérédité doit tenir compte à l'héritier de tout ce dont l'hérédité s'est accrue depuis le décès du *de cujus* (L, 20 § 3 ; L. 28, *de hered. pet.*), il est donc juste que l'héritier lui paie intégralement ce que lui a coûté sa conservation.

Nous ne nous expliquons pas, seulement, pourquoi la loi 38 refuse au possesseur de mauvaise foi le bénéfice qu'elle accorde au possesseur de bonne foi, puisqu'il est de principe que, l'un comme l'autre, ils ont droit à toutes leurs dépenses nécessaires.

Deuxième cas. — Les dépenses utiles sont celles dont l'absence n'entraînerait pas la perte ou la détérioration de la chose, mais qui augmentent sa valeur et la rendent plus productive : *quibus non factis quidem deterior res non fieret, factis autem fructuosior effecta est* (Ulp. *reg.* tit. VI, § 16); par exemple, le dessèchement d'un marais, l'instruction donnée a un esclave.

Les règles, ici, sont bien différentes, suivant que l'on a affaire à un possesseur de bonne ou de mauvaise foi; nous devons donc distinguer soigneusement les deux cas :

1° *Possesseur de bonne foi.* — Avant d'examiner quand et à quelles conditions le possesseur jouit du droit de rétention, il importe de poser ce principe :

qu'il ne peut être question d'une indemnité au profit du défendeur, que dans l'hypothèse où l'augmentation de valeur, apportée au fonds par les impenses utiles, persiste jusqu'au moment où l'action est intentée. Si, par exemple, les constructions élevées par le possesseur viennent à être incendiées avant la réclamation du propriétaire, celui-ci n'aura pas à en tenir compte au défendeur, car on ne saurait évidemment lui faire supporter une dépense qui a été faite à son insu, sans être justifiée par la nécessité, et qui, en somme, ne lui cause aucun profit.

Mais est-ce à dire que le droit de rétention existera toutes les fois qu'il y aura enrichissement pour le propriétaire? Cette opinion, qui est celle de Doneau (*de jure civili*, Liv. 20, ch. 7, § 11), nous paraît en contradiction avec les textes; nous rencontrons plusieurs cas (L. 27, § 5; L. 28; L. 29; L. 30; L. 38, *de rei vind.*, D.) où le propriétaire profite de l'augmentation de valeur, créée par le possesseur, sans être obligé d'indemniser ce dernier (en ce sens Pellat. principes gén., p. 271 ; Cabrye, p, 56).

La règle que pose Doneau est trop absolue, et doit être modifiée par cet autre principe, tiré de la loi 38 *de rei vindic.*: « *Bonus judex varie ex personis causisque constituet.* » Ce qui revient à dire que nous sommes ici dans une matière toute d'équité, et que le juge doit y subordonner ses décisions.

Nous sommes ainsi amenés à décider : que le possesseur de bonne foi jouira du droit de rétention pour rentrer dans ses dépenses utiles, toutes les fois que le propriétaire ne pourra, sans injustice, profiter de l'augmentation de valeur par lui créée, en refusant de lui en tenir compte.

Ainsi, par exemple, le possesseur aura le droit de rétention lorsque les dépenses auront été faites de l'aveu et sans opposition du propriétaire (L. 9, *de neg. gest.*, D.), ou lorsque celui-ci se dispose à vendre la chose, pour spéculer sur la plus-value. (L. 38, *in fine de rei vind.* D.)

Cette même loi 38 nous cite, au contraire, des cas où il y aurait injustice à forcer le propriétaire d'indemniser le possesseur, ce qui arriverait si le propriétaire, trop pauvre pour payer la plus-value sans vendre son domaine, était contraint, pour se libérer, *laribus et sepulcris avitis carere*; mais alors il doit permettre au défendeur d'enlever tout ce qui est susceptible de l'être, sans détériorer le fonds. Il pouvait se faire que le propriétaire, trop pauvre pour payer la plus-value, fut en mesure de payer le prix que le possesseur retirerait des objets enlevés; dans ce cas, celui-ci était obligé de s'en contenter.

Remarquons que le propriétaire a toujours le choix entre ces deux partis : payer la plus-value, ou forcer le défendeur à enlever ses constructions (L. 27, § 5, *de rei vind.* D.). Cette décision est assez juste, car on ne peut forcer un individu de conserver des constructions qu'il juge inutiles, et qu'il n'aurait pas voulu faire. Le propriétaire y trouve encore un avantage :

le défendeur, plutôt que de démolir ses constructions, dont les matériaux désagrégés auraient peu de valeur, préférera entrer en arrangement avec le demandeur, et les lui céder pour une somme inférieure à la plus-value effective.

Les lois 27, 28 et 38 citent encore d'autres cas où le propriétaire a le droit de profiter des améliorations sans rien débourser : par exemple, si l'enlèvement des constructions doit mettre le fonds dans une situation pire que celle qu'il avait avant, ou si l'enlèvement ne peut rien rapporter au défendeur, comme d'effacer des peintures murales, « *maleficiis non est indulgendum,* » ou enfin si la plus-value n'est pas susceptible d'évaluation, comme l'éducation donnée à un esclave ou l'art qu'on lui apprend, car l'enlèvement auquel on a recours en matière de construction, n'est point possible ici.

Les lois 29 et 30 accordent au possesseur de l'esclave le droit de se faire indemniser dans deux cas exceptionnels : si le propriétaire veut vendre l'esclave en spéculant sur la plus-value (voir ci-dessus une décision analogue), ou si, avant la réclamation du propriétaire, le possesseur l'a averti de ses dépenses en le mettant en demeure de les lui rembourser ;

2° *Possesseur de mauvaise foi.* — Ici la règle est bien simple : le possesseur de mauvaise foi ne peut pas se faire indemniser de ses impenses utiles ; il n'y a qu'une exception, en faveur du possesseur d'une hérédité. Par conséquent, puisqu'en dehors du cas particulier prévu par la loi 38, *de hered. petit.* D., le possesseur de mauvaise foi n'a aucune créance à exercer contre le demandeur, il s'ensuit qu'il n'a pas le droit de retenir la chose réclamée. La solution était la même, soit que le défendeur fût de mauvaise foi à l'origine de sa possession, soit qu'il ne le fût devenu qu'au moment où il a fait les impenses.

La théorie que nous venons d'exposer a été combattue par Cujas à l'opinion duquel s'est rallié M. Pellat (principes gén, p. 269). Mais en présence des textes, unanimes en notre faveur (L. 37, *de rei vind.*, L. 7, § 12, *de acq. rer. dom.* D.; L, 5, L. 11, L. 16, *de rei vind.* Cod.; *Inst.*, *Just. de div. rer.*, § 30), il nous semble impossible d'admettre la critique de ces auteurs, laquelle se résume en deux arguments, l'un d'équité, l'autre tiré des textes.

Votre solution disent-ils, blesse ce principe d'équité: que le demandeur ne doit point s'enrichir au dépens du défendeur, car la mauvaise foi ou la bonne foi de ce dernier n'ont rien à voir ici.

A cela nous répondrons que ce principe n'est pas assez absolu en droit romain, pour qu'on puisse en faire la base d'une objection sérieuse; nous avons montré, en traitant du possesseur de bonne foi, qu'il comportait plusieurs exceptions.

D'ailleurs, la question n'est pas de savoir si notre solution est équitable ou non, mais de rechercher si c'est celle des jurisconsultes; or, tous les textes répondent affirmativement. En présence du principe : *omne quod ædificatur solo cedit* (L. 203, *de reg.*

juris; Inst. Just. Liv. 2, tit. 1, § 30), le possesseur est présumé agir dans un but de libéralité : *donasse videtur* (L. 82, *de reg. juris;* L. 29, *pr. de donat.* D.). Certes ce motif est juridiquement contestable, mais qu'importe, s'il a suffi aux jurisconsultes romains.

Le second argument de Cujas est emprunté à la loi 38, *de hered. petit.*, qui accorde une indemnité au possesseur de mauvaise foi d'une hérédité, jusqu'à concurrence de la plus-value qu'il a créée ; pourquoi décider autrement en matière de choses individuelles ? Mais, nous le repétons, il ne s'agit pas de chercher le pourquoi, mais de déterminer la solution des jurisconsultes romains, et tous les textes qui traitent de la revendication d'une *res singularis*, consacrent des décisions contraires à la loi 38. Au reste, d'après la manière dont cette loi est conçue, (*benignius est*, dit Paul), nous serions tentés de croire, avec M. Cabrye, (p. 64), qu'elle n'est que l'expression d'une opinion toute personnelle à Paul, et qui n'était point partagée par les autres jurisconsultes, lesquels n'y font nulle part allusion.

Disons, en terminant, que si le possesseur de mauvaise foi ne jouit pas du droit de rétention, il peut, du moins, enlever tout ce qui est susceptible de l'être, dans les améliorations qu'il a faites, sans que le fonds en souffre (L. 37, *de rei vind.* D.; L. 5, *id.* Cod.). Il se trouve donc exactement dans la même situation que le possesseur de bonne foi, dans le cas où le propriétaire ne veut pas conserver pour lui les constructions que ce dernier a élevées.

Troisième cas. — Les impenses voluptuaires sont celles qui n'ont pour objet que l'agrément, sans rendre la chose plus productive : *quibus neque omissis deterior res fieret, neque factis fructuosior effecta est.* (Ulp., *reg.* tit. VI, § 17) ; par exemple, dit le jurisconsulte, les sommes dépensées pour créer des jardins ou pour embellir la chose par des peintures.

Ici la règle est la même pour le possesseur de bonne foi et pour le possesseur de mauvaise foi ; l'un et l'autre n'ont droit à aucune indemnité ; par suite, ils ne jouissent pas de la rétention et n'ont que le droit d'enlever tout ce qui est susceptible de l'être sans que la chose en soit détériorée (L. 27, *de negot. gest. pr.*, L. 3, § 4, *de in rem verso*; L. 32, § 5, *de adm. et peric. tut.* D.).

Nous trouvons cependant une exception dans la loi 39, § 1, *de hered. pet.*, en faveur du possesseur de bonne foi de l'hérédité. Gaius lui accorde le droit de rentrer dans ses dépenses voluptuaires par voie de rétention. Certains auteurs voient une antinomie entre ce texte et ceux que nous avons précédemment cités; d'autres (Cabrye, p. 67) cherchent à les concilier en disant que la loi 39, § 1, prévoit le cas où les dépenses, qui sont ordinairement considérées comme voluptuaires, empruntent à certaines circonstances (L. 29, L. 38, *de rei vind.* D.), la qualité et les effets de dépenses utiles. Pour nous, nous croyons simplement que les jurisconsultes romains ont toujours regardé le possesseur de bonne foi de l'hérédité d'un œil plus favorable que le possesseur de bonne foi d'une chose individuelle, et nous pensons que la loi 39 § 1, *de hered. petit.*, comme la loi 38, *ibid.*, n'est qu'une manifestation de cette tendance.

Jusqu'à présent nous n'avons parlé que des impenses relatives à la chose, *quid* au cas où elles portent sur les fruits? La réponse est aisée : il n'y a aucune distinction à faire; tout possesseur, qu'il soit de bonne ou de mauvaise foi, a droit au remboursement de ses impenses, quelles qu'elles soient : *Fructus non dicuntur nisi deductis impensis*, et il peut user du droit de rétention à cet effet (L. 36, § 5, *de hered. petit.*; L. 51, *pr. fam. ercisc.*; L. 7, *pr. solut. matr.*, D.; Doneau *de jur. civ.*, Liv. 20, ch. 7, § 5; *Vinnius select. quæst.*, *Liv.* 1, ch. 24.)

Mais que va-t-il arriver si les fruits ont péri, ou bien si le fonds n'en a point produit? Il faut ici, comme le pense M. Cabrye (p. 48), généraliser la loi 37, *de hered. pet.* qui, même dans ce cas, permet au possesseur de bonne foi de l'hérédité de se faire indemniser intégralement. Nous étendrons donc cette règle au possesseur de mauvaise foi de l'hérédité, aussi bien qu'au possesseur de bonne ou de mauvaise foi d'une chose individuelle; les dépenses faites pour produire et conserver les fruits étant de véritables dépenses nécessaires, le droit de rétention pourra être exercé afin d'en obtenir le remboursement.

CHAPITRE VII

I. — AVANTAGES QUE PRÉSENTE LE DROIT DE RÉTENTION. II. — SES MODES D'EXTINCTION. — APPENDICE.

I. — Le droit de rétention est d'un secours très utile pour le créancier auquel il appartient, tant dans ses rapports avec le débiteur, que vis-à-vis de ses co-créanciers.

Ainsi il peut arriver, et c'est ce qui se produit notamment dans le cas du possesseur de bonne foi actionné en revendication (V. le chapitre V), que ce soit le seul moyen pour le défendeur de forcer le propriétaire à le rembourser de ses avances.

Lorsque la possession ou la détention de la chose d'autrui était le résultat d'un contrat ou d'un quasi contrat, l'utilité du droit de rétention était moins immédiate, car le défendeur avait à sa disposition l'action contraire, née du contrat ou du quasi contrat intervenue entre lui et le demandeur.

Cependant, même dans cette hypothèse, le possesseur avait, à plusieurs points de vue, intérêt à se prévaloir du droit de rétention.

D'abord, il lui procurait l'avantage incontestable de jouer au procès le rôle de défendeur et de forcer le demandeur à prouver son droit de propriété (L. 15, *in fine, de oper. nov. nunciat.* D.). Sans doute, une fois cette preuve faite, le défendeur devait prouver l'existence de ses dépenses, mais cette obligation était subordonnée à la preuve de la propriété ; elle devenait inutile si celle-là n'était pas faite, et le demandeur était débouté *de plano* (L. 4, *in fine, de edendo*, Cod.).

En second lieu, l'exercice du droit de rétention permettait au défendeur de faire juger tout d'abord la question au possessoire, et d'obtenir gain cause nonobstant la violence, la clandestinité ou la précarité dont sa possession était entachée, pourvu que le vice n'existât pas à l'égard du demandeur (L. 1, § 9; L. 2, *uti possid.* D.; *Faber, ration. ad leg.* 2, *de leg. Rhod. de jactu.* Cabrye p. 45).

De plus, la double prétention du propriétaire contre le possesseur et du possesseur contre le propriétaire pouvant, à l'aide de l'*exceptio doli*, être vidée dans une seule instance, on réalisait ainsi deux avantages considérables : une économie de temps, et une économie de frais.

Enfin le défendeur, en se refusant à restituer la chose avant d'être intégralement désintéressé, augmente ses chances d'être promptement remboursé ; car le propriétaire, désireux de rentrer en possession le plus tôt possible, s'empressera, pour obtenir ce résultat, d'acquitter les obligations dont il est tenu envers le rétenteur.

Si l'on examine quelle peut être l'utilité du droit de rétention à l'encontre des co-créanciers du rétenteur, on voit qu'il lui procure cet immense avantage d'être désintéressé avant tout autre; en d'autres termes, il constitue à son profit un droit de préférence indirect.

II. — Il nous reste maintenant à dire quelques mots des différentes manières dont s'éteint le droit de rétention. Cette extinction se produit tantôt par voie accessoire, tantôt par voie principale et directe.

Nous avons déjà dit que la rétention n'est qu'une garantie, un droit parasite qui suppose la préexistence d'un autre droit auquel il adhère. Il suit de là que l'extinction de la créance du rétenteur entraîne nécessairement la perte du droit de rétention, qui dès lors devient sans objet.

Il peut se faire, au contraire, que le droit de rétention vienne à s'éteindre, sans pour cela que la créance garantie cesse d'exister (L. 50, § 1, *de hered petit.*; L. 14, § 1, *Comm. divid.*; L. 18, § 4, *commodat.)* Si la créance est de celles qu'on ne peut faire valoir que par voie d'exception (L. 51, *de cond. indeb.*; L. 48, *de rei vind.*; L. 14, § 1, *Com. divid.*; L. 33, *in fine, de cond. indeb.*; L. 14, *de dol. mal. et met. except.* D.), elle subsiste néanmoins à l'état d'obligation naturelle, et, en cas de paiement volontaire, le débiteur ne serait pas admis à répéter.

Les modes d'extinction directs sont : la perte de la possession de la chose retenue, son anéantissement et la renonciation du rétenteur à son droit (L. 9, § 3, *de pign. act.* D., arg.). Il y lieu de considérer comme un cas de renonciation tacite, les poursuites exercées par le rétenteur lui-même à l'effet de vendre la chose. La *retentio* étant un moyen de défense, ne peut être d'aucune utilité à celui qui joue le rôle de demandeur (Cabrye p. 44).

III. — *Appendice.*— Avant de terminer cette étude, nous croyons devoir signaler une erreur qui a été commise par quelques commentateurs (V. Mulhenbrüch, doct. Pand. § 136), qui semblent confondre la *retentio* avec la *compensatio*. Ces deux moyens de défense ont sans doute beaucoup de points de contact, ainsi: 1° tous deux sont fondés sur l'équité; 2° tous deux sont, non point des modes de libération, mais bien des cas où l'action est *non solidi persecutoria* (*Contrà Voët ad Pand.* lib. 16, tit. 2, § 20, pour la *compensatio*; ce jurisconsulte a été trompé par la *compensatio* de l'*argentarius*, laquelle est effectivement un mode de libération); 3° tous deux peuvent garantir une obligation naturelle; 4° enfin ils s'exercent tous deux de la même manière, *ipso jure* dans les actions *bonæ fidei*; *exceptione doli* dans les actions *stricti juris*.

Malgré ces analogies, la *compensatio* et la *retentio* offrent des différences fort remarquables: 1° la *compensatio* ne constitue qu'un pur droit personnel, une exception de débiteur à créancier, la *retentio*, au moins dans notre opinion (V. le chap. II), est un véritable droit réel; 2° le défendeur qui oppose la *compensatio* prétend conserver définitivement, en tout ou en partie, la chose réclamée, tandis que le rétenteur ne vise qu'à une possession temporaire ; 3° enfin la *compensatio*, admise par le juge, produit le même effet qu'un paiement : *compensatio est instar solutionis*, au lieu que la *retentio* ne constitue, pour celui qui l'oppose, qu'un moyen d'arriver plus promptement à se faire désintéresser par son débiteur (V. Voët, *loc. cit*; Leyser, *medit. ad* Pand, lib. 3, Tulden, *comm. in* Pand., lib. 13, cap. 3, § 6; Cabrye, p. 7).

ANCIEN DROIT FRANÇAIS

CHAPITRE I

I. — DROIT BARBARE. II — DROIT FÉODAL.

I. — Le caractère particulier des lois barbares, dont l'objet principal était la répression des actes de violence (Fleury, hist. du droit franç.), leur laconisme, en tout ce qui a trait aux matières civiles, et l'absence complète de documents relatifs au droit de rétention à cette époque, nous obligent à demeurer, sur ce point, dans le domaine des conjectures.

Tout ce que pouvons affirmer, c'est que les Codes barbares reconnaissaient l'existence du gage, qu'ils désignent sous le nom de *Vadium*, *Gnadium* ou *Vadimonium* (Pardessus, loi salique, p. 643). Ils s'ensuit que le droit de rétention était encore admis à cette époque en tant qu'accessoire du contrat de gage, et ce qui doit nous confirmer dans cette opinion, c'est que chez les différents peuples, sur la législation desquels on a pu se procurer quelques notions, il était défendu de dépouiller violemment le créancier gagiste de l'objet dont il était nanti (Laferrière, hist. du droit franc., III, p. 24). Cet acte de force était même caractérisé par un verbe spécial « *disvadiare* » que Ducange (V° Vadium), définit : « *pignus auferre et retinere.* »

Quant à prétendre que le droit de rétention existait alors *principaliter*, et abstraction faite du gage, en se basant sur cette considération qu'il est de droit naturel, et que, comme tel, il a dû trouver son application chez les barbares eux-mêmes, ce serait, croyons-nous, se lancer dans des hypothèses, où l'on risquerait de s'égarer.

II. — Nous trouvons, au contraire, dans le droit féodal, des traces nombreuses de l'existence du droit de rétention, indépendamment du cas de gage.

Ainsi il résulte de la loi : *Si vasallus in feudo*, tit. 28, liv. 2, *Feudorum*, que le vassal et ses héritiers jouissaient du droit de rétention pour impenses nécessaires et utiles, au cas d'extinction du fief, par voie de concession, sans la faute du vassal (Basnage, sur l'art. 125 de la cout. de Normandie., Dumoulin sur la cout. de Paris, tit. I, § 1. Gloss. V. nos 76, 77 et 82, *in fine)*.

De même aussi « le seigneur de fief, faisant cons» truire étang ou garenne, y peut enclore les terres de » ses sujets, en les récompensant préalablement ; » ceux-ci avaient le droit de rétention tant qu'ils n'étaient pas indemnisés (Loysel, Inst. cout. liv. 2, tit. 2, art. 27.; Cout. d'Anjou, art. 29.; Cout. du Maine, art. 34. ; Cout. de Tours, art. 37).

Mais les seigneurs se montrèrent toujours très opposés à l'exercice du droit de rétention, et cherchèrent à l'arrêter dans ses développements ; il resta donc, sous le droit féodal, à peu près tel qu'il était en droit romain, et il faut étudier la législation coutumière pour constater ses transformations. Toullier, (liv. 3, tit. 3, n° 356), nous donne le motif de l'animadversion des seigneurs pour cette institution : ces derniers, se faisant un revenu assez considérable de l'impôt qu'ils prélevaient sur les procès, avaient tout intérêt à les voir se multiplier ; or, le droit de rétention leur causait un grave préjudice, car, en permettant de terminer plusieurs contestations par une sentence unique, il avait pour résultat de diminuer le nombre des procès d'une manière sensible pour la cassette seigneuriale.

CHAPITRE II

DROIT COUTUMIER

SECTION I

GÉNÉRALITÉS.

Malgré les efforts continuels des seigneurs pour empêcher le droit de rétention de pénétrer dans les mœurs, les jurisconsultes, frappés de l'utilité de cette institution, réussirent peu à peu à la faire reconnaître et sanctionner par les dispositions législatives. Leur tâche fut plus aisée dans les pays de droit écrit, où l'influence du droit romain était encore puissante, mais ils éprouvèrent plus de difficulté dans les pays de Coutumes. Ils menèrent cependant leur entreprise à bonne fin, ainsi que nous en trouvons la preuve dans les dispositions suivantes : Cout. de Paris, art. 175 et 305; Orléans, 372 et 306 ; Nevers, art. 13, ch. 32; Berry, des exécutions, 19 et 20 ; Bourbonnais, 135 ; Rennes, 395 ; Anjou, 29 ; Le Maine, 34 ; Tours, 37 ; Calais, 243 ; Etampes, 154 ; Mantes, 188 ; Montfort, 180.

Nous allons examiner les plus importantes. C'est d'abord l'art. 175 de la coutume de Paris, lequel est ainsi conçu : « Dépens d'hôtelage, livrez par hostes à » pélerins ou à leurs chevaux, sont privilégiez et

» viennent à préférer devant tout autre sur les biens » et chevaux hôtelez, et les peut l'hostelier retenir » jusqu'au paiement, et si aucun autre créancier les » voulait enlever, l'hostelier a juste cause de s'y » opposer. »

L'art. 305 de la même coutume, et l'art. 306 de la coutume d'Orléans, s'accordent pour donner à l'héritier le droit de retenir l'immeuble soumis au rapport, jusqu'au remboursement de ses impenses.

De même, nous lisons dans la coutume d'Orléans, art. 372: « Celui qui retrait aucun héritage, est tenu » de payer les réparations et impenses nécessaires » faites sans fraude par celui sur lequel il a été retrait, » icelles préalablement liquidées. »

Enfin l'art. 13, chap. 32, de la coutume de Nevers, dispose que : « ceux qui ont fait les moissons et cueil- » lettes de grains, bleds, vendanges et vins ; aussi » voituriers par eau et par terre, peuvent pour leur » salaire, faire arrester et empescher les bleds, ven- » danges, vins, charrettes et chevaux, marchandises » et biens de leurs débiteurs, à la requeste desquels » ils ont besoigné ; et tiennent tels arrests et empes- » chements jusques à plein payement, et s'il y a oppo- » sition, le créancier, en cas de deny, informera de » sa debte dedans un seul et bref délai qui lui sera » préfixé par le juge. »

Cet article, il est vrai, ne vise pas directement le droit de rétention, puisqu'il suppose que le créancier n'était point nanti ; mais il est certain que c'est se conformer à son esprit, que d'accorder au créancier le droit de retenir l'objet qu'il a entre les mains, car c'est là chose beaucoup moins grave que d'enlever un objet au débiteur, pour le retenir ensuite. Du reste, cette interprétation est confirmée en ces termes par le commentateur de la coutume de Nevers : « La saisie et » arrêt, ici mentionnée, est à l'effet de la rétention » que la loi octroie en tous cas à celui qui a employé » son bien et son labeur à faire quelque besogne ou à » conserver la chose d'autrui, en laquelle il veut user » de rétention : nos lois de France, qui ont bien sou- » vent réprouvé toutes voies de fait et qu'aucun de » son autorité se fasse droit et prenne sa raison par » ses mains, ont trouvé meilleur de faire saisir sous » l'autorité de justice. Toutefois, si la chose était » en possession du mercenaire, sans vice ni fraude, je » crois que sans faire saisir, il pourrait user de réten- » tion : et est la rétention octroyée par le droit romain, » non pas pour appréhender, mais pour retenir de son » autorité sans le juge, si la chose est en sa puissance. » Guy-Coquille, sur l'art. 13, chap. 32, cout. Nevers).

Donc, en définitive, la plupart des coutumes admettaient le droit de rétention dans certains cas déterminés ; pour les cas non prévus, il était de règle, chez les commentateurs, qu'il fallait se reporter au droit romain, ainsi qu'il résulte du passage de Guy-Coquille, que nous venons de citer (en ce sens d'Argentré, sur la cout. de Bretagne, 6e éd. Col. 860. D.). Ce n'était là, du reste, qu'une application à une hypothèse particulière, de ce principe général : qu'il fallait toujours recourir au droit romain pour combler les lacunes du droit coutumier (Guy-Coquille, quest. 1re; Duparc-Poullain, principes du droit franç., Liv. 1, ch. 1, n° 5; De Serres, institut. du droit franç., Liv. 1, tit. 1, § 4).

Bien qu'elle reconnût la légitimité du droit de rétention, la législation coutumière ne semble pas s'être préoccupée d'en réglementer l'exercice; aussi les gens de mauvaise foi profitèrent-ils de cette omission pour faire de la rétention un instrument de chicane, et un moyen détourné de conserver, sous prétextes d'impenses imaginaires, la chose qu'ils avaient été condamnés à restituer. Il y avait là un abus à corriger, et les ordonnances royales de 1539, 1566, 1576, 1667, s'efforcèrent d'y porter remède. Voici leurs dispositions principales sur la matière :

Ordonnance de Villers-Coterets (1539). art. 97 : « Et si, sur l'exécution du jugement ou arrêt, était » requis connaissance de cause pour méliorations, ré» parations ou autres droits qu'il conviendra liquider, » le condamné sera tenu de vérifier et liquider les » dites réparations, méliorations ou autres droits pour » lesquels il prétend rétention des lieux et choses » adjugées, dans un certain bref délai, seul et péremp» toire, qui sera arbitré par les exécuteurs, selon la » qualité des matières et distance des lieux. » Cette réforme était déjà un progrès ; mais le délai imparti au défendeur pour faire arbitrer sa créance avait encore pour résultat de priver le demandeur de sa chose pendant un certain temps.

L'ordonnance de 1566, rendue sur la proposition du chancelier de l'Hospital, y remédia par la disposition suivante (art. 52) : « pour faciliter les exécutions » des arrêts et jugements et plusieurs involutions et » longueurs qui y sont par trop fréquentes et ordi- » naires, avons ordonné que dorénavant, pour les » réparations et méliorations adjugées aux condamnés, » ne seront empêchées les exécutions des jugements » pour le fait de possession et introduction en icelles » des personnes qui auront obtenu jugement à leur » profit, en baillant par eux caution bourgeoise et » suffisante de payer lesdites réparations et méliora- » tions, si tôt qu'elles seront liquidées, et demeurant » la terre ou héritage pour ce regard affectée et hypo- » théquée audit paiement, sinon que le condamné les » offrit liquider dans un mois pour tout délai. »

On ne se contenta pas de cette réforme, et l'art. 51 de l'ordonnance de 1576 alla encore plus loin, disposant « que les condamnés purement et simplement à » délaisser ou soi départir d'aucun héritage, seront » tenus promptement ce faire après la sommation et » signification qui leur en sera faite à personne ou à » domicile, nonobstant les oppositions qui seront for- » mées par le condamné, sa femme, enfants, famille, » pour quelque cause que ce soit, sauf à se pourvoir » sur icelles ainsi qu'il appartiendra... »

Cette fois, le remède était pire que le mal, car la

règle nouvelle ne tendait à rien moins qu'à supprimer complètement le droit de rétention; les intérêts les plus légitimes se trouvaient compromis. Aussi, on reconnut bientôt la nécessité de revenir aux anciens principes, et l'ordonnance de 1667, tit. 27, art. 9, consacra ce retour en ces termes : « Celui qui aura » été condamné à laisser la possession d'un héritage, » en lui remboursant quelques sommes, espèces, » impenses ou méliorations, ne pourra être contraint » de quitter l'héritage qu'après avoir été remboursé; » et, à cet effet, il sera tenu de faire liquider les » espèces, impenses et méliorations, dans un seul » délai qui lui sera donné par l'arrêt ou jugement; » sinon l'autre partie sera mise en possession des » lieux, en donnant caution de les payer après qu'elles » auront été liquidées. »

Après toutes ces citations, il demeure certain que le droit de rétention doit être rangé parmi les institutions en usage dans notre ancienne jurisprudence. Ce point établi, il importe d'étudier sa nature, ses caractères et son étendue, et de voir si les coutumes le conservèrent tel que le Droit Romain le leur avait transmis.

SECTION II.

CARACTÈRES DU DROIT DE RÉTENTION.

Dans notre ancien droit, comme à Rome, la rétention était un droit réel, indivisible, accessoire, susceptible de transmission, s'appliquant aux choses mobilières et immobilières.

Les trois derniers caractères ne présentant aucune difficulté, nous renvoyons, quant à eux, au Droit Romain ; mais nous nous arrêterons un instant sur les deux premiers.

A. — La réalité du droit de rétention principal ne faisait pas plus doute, dans la législation coutumière, que celle du droit de rétention accessoire du gage (Duparc-Poullain, Principes, liv. 3, ch. 20, n° 3). L'article 175 de la coutume de Paris, que nous avons déjà cité, nous paraît concluant à cet égard, puisqu'il accorde à l'hôtelier le droit de retenir les objets appartenant au voyageur, à l'encontre de tous autres créanciers de ce dernier ; cette décision ne pourrait s'expliquer si le droit de rétention ne constituait qu'une simple exception de créancier à débiteur.

Du reste, les commentateurs sont unanimes à reconnaître que la rétention était un droit réel. Ainsi nous trouvons dans Dumoulin des propositions comme celles-ci : « *Jus retentionis est reale,* » et plus loin, à propos du rétenteur : « ... *quià præfertur omnibus proprietariis et directis et utilibus, et omnibus creditoribus etiam hypothecariis, etiam hypotheca expressa, nedum tacita.* » (*Sur Paris*, tit. II, art. 138, n°s 16 et 17), ou enfin : « *Retentio impensarum nomine etiam adversus creditorem hypothecarium compétit.* » (Ibid. tit. 1, § 1, Gloss. V, v° le Fief, n° 94).

De Serres n'est pas moins explicite lorsqu'il dit : « qu'on suit en ce royaume la décision de la rubrique » du Code : *Etiam ob chirographariam pecuniam* » *pignus teneri posse*, en sorte qu'un engagiste peut » retenir le fonds engagé jusqu'à ce que le débiteur » lui ait payé non-seulement le prix de l'engagement, » mais encore les autres sommes qu'il peut lui devoir » d'ailleurs au-delà du prix de l'engagement... Le » créancier nanti dudit gage a le droit de le retenir » jusqu'à ce qu'il soit payé des sommes qui lui sont » dues par le débiteur en capital et intérêts, outre et » par dessus celle qui fait le sujet de l'engagement, et » *cela même au préjudice d'un créancier antérieur* » *et par préférence*. » (Inst. du Droit Franç. liv. 2, tit. 8, § 1).

Jean Desmares (décision 176), Basnage (des hypothèques, chap. 16, *passim*.), et Duparc-Poullain (Principes, liv. 3, chap. 20, sect. 5, n° 159) nous offrent des solutions analogues ; et, en présence d'une semblable unité de doctrine, il nous paraît impossible de mettre en doute la réalité du droit de rétention.

B. — Au nombre des caractères de ce droit, nous devons noter aussi l'indivisibilité ; Pothier, traitant du droit de rétention accessoire du gage, décide que le débiteur ne peut demander la restitution de sa chose qu'après le paiement intégral de la dette, par ce motif que « le droit de gage ou nantissement est quelque » chose d'indivisible : *individua est pignoris causa* » (Nantissement, ch. 2, n°s 42 et 43). Or, Dumoulin assimile le droit de rétention principal à un « *quasi pignus seu quasi hypothecam* » (*Tractat. contractuum, quæst.* 36, n° 278) ; il faut donc reconnaître que lui aussi est indivisible.

SECTION III

CONDITIONS REQUISES POUR L'EXISTENCE DU DROIT DE RÉTENTION.

Pour exercer la rétention, il fallait, dans notre ancienne jurisprudence aussi bien qu'en Droit Romain, que les trois conditions suivantes fussent remplies : 1° possession de la chose d'autrui ; 2° créance du possesseur contre le propriétaire ; 3° connexité entre la créance et la chose retenue.

Les deux premières propositions sont de toute évidence, et nous nous bornons à renvoyer au Droit Romain ; disons seulement que, d'une part, le rétenteur n'a pas besoin d'être investi de la possession proprement dite, une simple détention suffit, ainsi le locataire a la rétention pour les impenses liquides et nécessaires qu'il a faites du consentement du bailleur (Duret, alliance des lois romaines avec le droit franç. § 120) ; que, d'autre part, la créance garantie par la rétention peut très-bien ne pas exister civilement et ne constituer qu'une simple obligation naturelle (Duparc-Poulain, Principes, liv. 3, ch. 17, n° 10).

Quant à la troisième condition, la connexité entre la

créance et la chose retenue, il importe de la reprendre avec quelques développements.

Nous retrouvons ici la controverse que nous avons déjà signalée en Droit Romain : M. Cabrye (p. 81, et suiv.) soutient que nos anciennes lois, pas plus que celles de Rome, n'exigeaient le *debitum cum re junctum* ; mais il modifie la théorie qu'il professe en Droit Romain, en y ajoutant cette restriction : que le droit de rétention ne peut exister qu'autant que la loi ou la coutume l'accorde d'une manière formelle.

Pour nous, nous croyons qu'on suivait encore dans l'ancien droit le système que nous avons admis en Droit Romain, c'est-à-dire que l'on exigeait que la créance fût corrélative à la chose retenue ; dès que cette troisième condition se joignait aux deux premières, le créancier était en droit d'exercer la rétention, sans qu'il fût besoin, à cet égard, d'aucune disposition permissive de la loi. Toutefois, nous apportons à la théorie romaine une modification : il arrivait quelquefois que la loi accordait, par extension, le droit de rétention dans des hypothèses où la créance et la chose détenue n'étaient point connexes. C'est en ce sens que les anciens auteurs disent souvent que le droit de rétention n'existe que dans les cas formellement prévus par la loi : *Retentio tribuitur reo certis tantum in causis* (Doneau, tit. 6, p. 854, § 8). On voit que notre système diffère essentiellement du précédent, dont nous examinerons les arguments après avoir donné les nôtres.

D'abord, notre solution est conforme aux textes cités dans notre première section, qui tous supposent qu'il existe une certaine connexité entre la créance et la chose, dans tous les cas où se rencontre la rétention.

En second lieu, nous trouvons dans les écrits de plusieurs jurisconsultes des décisions qui nous paraissent concluantes. Ainsi Voët (*ad Pand. de compensatione*, § 20) s'exprime en ces termes : « *Præ-*
» *cipuè retentioni locus est ob ib quod occasione rei*
» *retentæ debetur, veluti ob impensas in eam factas.*»
On objecte que le mot *precipuè*, placé au début de la phrase, indique clairement que Voët ne considérait pas la connexité comme une condition essentielle; c'est vrai, mais cela ne détruit en rien notre théorie, puisque nous avons admis que le droit de rétention pouvait exister, même à défaut de connexité, pourvu qu'alors un texte de loi l'accordât d'une manière formelle, et c'est précisément à ce cas exceptionnel que se réfère l'expression du jurisconsulte.

Pothier n'est pas moins explicite dans le passage suivant : « Lors, dit-il, que sur l'action en revendi-
» cation, le demandeur a justifié de son droit, le pos-
» sesseur est condamné à lui délaisser la chose reven-
» diquée, mais, dans certains cas, lorsque le posses-
» seur a déboursé quelque somme ou contracté quelques
» obligations pour la libération, la conservation ou
» l'amélioration de la chose qu'il est condamné à dé-
» laisser, le possesseur qui excipe de ces impenses

» n'est condamné à la délaisser qu'à la charge par le » demandeur de le rembourser au préalable de ce » qu'il a déboursé et de l'indemniser. » (Domaine de propriété, 2e partie, chap. I, art. 6, n° 343).

Nos adversaires, eux aussi, s'emparent de ce texte pour affirmer que le droit de rétention n'avait lieu que dans des cas spéciaux et déterminés. La réponse est facile. Sans doute Pothier dit « dans certains cas, » mais ces cas sont précisément ceux où il y a connexité entre la dette et la créance, ainsi que cela résulte des développements qu'il donne pour expliquer ces mots.

Enfin, personne ne contestera que c'est sous l'influence du Droit Romain que l'usage de la rétention s'est répandu dans notre ancienne législation : il est donc naturel et logique, pour déterminer l'étendue de ce droit, de se reporter aux lois romaines ; or, nous avons prouvé, dans la première partie de notre travail (ch. III), que les jurisconsultes romains exigeaient l'existence du *debitum cum re junctum*.

Remarquons, en terminant notre argumentation, que nous n'avons entendu parler que du droit de rétention principal, car il est bien évident que le droit de rétention, compris accessoirement dans le gage, revêt les caractères particuliers à ce contrat, et en matière de gage, point n'est besoin de connexité entre la créance et l'objet engagé.

Il nous reste maintenant à réfuter les objections qu'on nous oppose ; toutes s'appuient ou prétendent s'appuyer sur divers passages des principaux juriconsultes.

A. — Dumoulin, examinant le cas où le tuteur ou bien le mineur dépourvu de curateur veut donner à un tiers prêteur une garantie réelle sur les biens du pupille ou du mineur, propose cet expédient de « *constituere quasi pignus seu quasi hypothecam in* » *prædiis suis per viam retentionis, sive exceptionis,* » *videlicet tradendo prædia creditori* » (*Tractatus contractuum,* quest. 36, n° 278). Or, dit-on, le créancier ainsi nanti du droit de rétention ne sera pas, évidemment, créancier à l'occasion de la chose retenue ; donc Dumoulin ne reconnaissait pas la prétendue règle du *debitum cum re junctum.*

Cette objection ne porte pas, attendu qu'elle suppose un cas de rétention conventionnelle, et nous n'avons jamais nié que les parties contractantes pussent conférer à l'une d'elles le droit de rétention dans une hypothèse où la loi ne l'accorde pas. Le droit dont il est question dans l'espèce n'est point celui sur lequel nous discutons, mais bien plutôt la rétention accessoire du gage, qui se trouve ici séparée des autres éléments qui l'accompagnent d'ordinaire.

B.—Duparc-Poullain, traitant la question de savoir si la prescription de l'obligation opère la libération du gage, s'exprime ainsi : « Le gage ayant été livré au créancier, il le possède toujours pour sûreté de son crédit, et il ne peut être obligé de le remettre au débiteur qu'en recevant le paiement. Il est vrai qu'après

» trente ans, le créancier ne pourrait pas forcer le dé-
» biteur de le payer et de reprendre son gage ; mais si
» le débiteur réclamait le gage sous prétexte que l'obli-
» gation serait éteinte par la prescription, le créancier
» aurait le droit d'excepter et de refuser cette restitu-
» tion jusqu'à ce que le débiteur l'eût payé. » (Principes, liv. 3, chap. 17, sect. 1, n° 10). Le droit de gage, dit-on, a été remplacé dans les mains de l'ancien créancier gagiste par le droit de rétention principal, mais sa créance est restée la même, elle n'était pas née à l'occasion de la chose donnée en gage. Si donc Duparc-Poullain lui accorde, dans les circonstances qu'il indique, le droit de rétention, c'est qu'il ne reconnaît pas la nécessité du *debitum cum re junctum.*

Cette seconde objection n'est pas plus forte que la première, et repose sur une confusion analogue. Le droit de rétention, dont il s'agit dans l'espèce, n'est pas le droit de rétention principal, mais bien le droit de rétention accessoire du gage, qui, survivant seul à tous ses autres éléments, conserve, isolé, les mêmes caractères qu'il présentait alors que le contrat de gage subsistait dans son intégrité.

C. — Dans les pays de droit écrit, on accordait à la femme, et même à ses enfants (*De Serres*, Institutions, p. 317, 318), le droit de retenir la possession des biens du mari jusqu'au remboursement de la dot : « *Moribus*
» *hodiernis*, dit Voët, *nec tantum per actionem, sed*
» *et mediante retentione, vidua rerum suarum res-*
» *titutionem persequi nunc potest.... eamque non*

» *modo in domo mariti mortuaria remanere, sed et* » *prædiorum mariti tùm allodialium, tùm feuda-* » *lium, possessioni incumbere, donec hæc omnia ipsi* » *restituta sint.* » (*ad* Pand., lib. 24, tit. 3, § 9). Et il cite beaucoup d'auteurs qui donnent la même décision. Or, dit-on, la créance de la femme n'était évidemment pas née à raison des choses sur lesquelles s'exerçait sa garantie, appelée *insistance*, nantissement ou droit de rétention, donc, etc.

Ici, encore, nos adversaires sont dans l'erreur, car il ne s'agit pas de ce droit de rétention, qui fait l'objet de notre étude, mais bien d'une sorte de gage tacite, vestige de l'hypothèque générale et privilégiée, que la loi romaine accordait à la femme pour la restitution de sa dot; on n'en peut donc tirer argument contre nous.

D. — Enfin, Pothier, après avoir rappelé la loi unique au Code, *etiam ob chirog. pecun.*, ajoute : « Cette décision de l'empereur Gordien a lieu dans » notre jurisprudence. Quoique la dette, pour laquelle » une chose m'avait été donnée en nantissement, ait » été entièrement acquittée, si je me trouve encore » créancier d'une autre somme certaine et liquide, du » débiteur qui me l'a donnée en nantissement, je » pourrai la retenir pour cette autre créance. » (Nantissement, ch. 2, n° 47.) Or, il n'y a, dans l'espèce, aucune connexité entre la créance et la chose retenue. Donc, etc.

Si la rétention est accordée dans ce cas, nonobstant le défaut de connexité, cette solution rentre dans notre théorie. En effet, nous avons dit qu'une créance, même non connexe, pouvait être garantie par le droit de rétention, quand cette faculté était expressément accordée par un texte de loi ; or, dans l'espèce, le texte de loi, c'est la constitution *etiam ob chirog. pecun.* du Code, laquelle suffit à produire ce résultat, attendu que le mot « loi » avait, dans notre ancien droit, un sens très-large ; on comprenait sous cette dénomination, non-seulement les ordonnances, déclarations et édits royaux, mais encore les coutumes et les dispositions du droit romain qui étaient passées dans les mœurs. Remarquons, d'ailleurs, que le droit accordé au créancier, dans l'hypothèse de la loi du Code, n'était pas, à proprement parler, le véritable droit de rétention, puisqu'il n'était opposable qu'au seul débiteur qui avait donné le gage et non à ses créanciers (Duparc-Poullain, Principes, L. 3, ch. 20, sect. 7, n° 215).

SECTION IV

DROITS ET OBLIGATIONS DU RÉTENTEUR.

C'est surtout au point de vue des droits qu'elle confère à celui qui en jouit, que la rétention a subi, dans notre ancienne jurisprudence, d'importantes modifications. Nous avons vu, en effet, qu'à Rome, le rétenteur n'avait ni droit de suite, ni droit de préférence; il ne pouvait que subordonner sa restitution au paiement intégral de sa créance. Dans notre ancien droit, au contraire, la rétention constituait une véritable cause de préférence ; il suffit, pour s'en convaincre, de se reporter aux différents textes que nous avons cités dans notre section II (Dumoulin, sur Paris, tit. II, art. 138, nos 16 et 17. De Serres, instit. du Droit franç. Liv. 2, tit 8, § 1, etc.).

Lors donc que le rétenteur se trouvera en présence de créanciers purement chirographaires, il passera le premier ; mais où la question faisait quelque difficulté, c'est lorsque le débat s'élevait entre le rétenteur et d'autres créanciers investis d'une cause de préférence ; comment s'opérait le classement ?

La solution à donner a fait doute parmi les commentateurs : les uns n'accordaient le pas au rétenteur que sur les créanciers dont la cause de préférence était postérieure à son droit ; c'est ainsi que Dumoulin (*Tractatus contractuum*, quest. 36, n° 278) nous dit : « *Retentionis beneficio et jure exceptionis potior* » *erit* (*creditor*) *omnibus jus posterius prætendenti-* » *bus. Quia quemadmodum jure exceptionis poterat* » *excludere debitorem, ita et omnes causam habentes* » *ab eo post jus retentionis acquisitum* : *quod singu-* » *lariter notandum.* »

D'autres jurisconsultes (de Serres, institut. liv. 2, tit. 8, § 1 ; Duparc-Poullain, Principes, liv. 3, ch. 20, nos 3 et 159) plaçaient toujours le rétenteur au premier rang, sans distinguer si les causes de préférence qu'on lui opposait étaient antérieures ou postérieures à son droit. C'est cette dernière opinion qui nous semble avoir prévalu, car Dumoulin, après avoir professé l'autre doctrine, se rallia à celle-ci (Sur Paris, tit. 11, art. 138, n°s 16 et 17).

Notre ancienne jurisprudence consacra encore une seconde dérogation à la théorie romaine. A Rome, l'exercice de la rétention était lié au fait de la possession. Les jurisconsultes coutumiers admirent, au contraire, que le droit de préférence qu'ils avaient créé au profit du rétenteur serait conservé nonobstant la perte de la possession. C'était conférer au rétenteur un véritable droit de suite.

Dumoulin, en effet, suppose ce droit, lorsqu'il dit : « *Retentio et persecutio impensarum nomine etiam* » *adversus creditorem hypothecarium competit.* » (Sur Paris, tit. 1, § 1. Gloss. 5, v° le Fief.)

Duparc-Poullain (Principes, liv. 3, ch. 20, sect. 5, n° 159) examinant le conflit entre le tiers détenteur et les créanciers hypothécaires, décide que le premier « a la reprise par préférence des édifices nécessaires » ou utiles qu'il aura faits. » Le jurisconsulte désigne, par cette expression « reprise par préférence » et la voie d'exception et la voie d'action.

Enfin, Guy Coquille est plus formel encore, s'il est possible. « Quand aucun, dit-il, qui pouvait user de » rétention de la chose, s'en est départi sans être rem» boursé, il a son action à ce que la jouissance lui soit » rétablie. » (Quest. 198.)

Donc, en résumé, dans notre ancien droit, la rétention était, à peu de chose près, une sûreté équivalente au gage ou à l'hypothèque, puisqu'elle conférait au créancier qui en était investi un droit de préférence et un droit de suite.

SECTION V

VOIES JURIDIQUES PAR LESQUELLES S'EXERCE LE DROIT DE RÉTENTION.

Sous ce rapport, comme au double point de vue que nous avons envisagé dans la précédente section, la condition du rétenteur fut encore améliorée par le droit coutumier. Nous avons vu, en effet, qu'en Droit romain la rétention n'engendrait, au profit du créancier, qu'une simple exception, et qu'il n'en naissait pour lui aucune action ; aussi la perte de son exception lui enlevait-elle tout recours contre son débiteur. C'est vainement, nous l'avons prouvé, que certains commentateurs s'efforcèrent de démontrer l'existence d'une action subsidiaire au profit du rétenteur ; s'il arrive qu'il en ait une, c'est toujours une action complètement étrangère au droit de rétention, et provenant d'une cause tout autre. Cependant, la théorie de Martinus et de Cujas, bien que non conforme aux vrais principes du Droit Romain, n'en parvint pas moins à s'implanter dans les mœurs coutumières, comme on peut le voir par les extraits qui suivent :

« En aucunes lois des Romains, dit Guy Coquille, » se trouve que celui qui, à ses dépens, a édifié ou fait

» autre amélioration en l'héritage d'autrui, s'il a ce fait » étant possesseur de mauvaise foi, il n'a point d'action » pour répéter tels frais, ains seulement peut user de » rétention de la chose jusqu'à ce qu'il soit remboursé; » ou bien, quand il a fait des impenses en l'héritage » d'autrui qu'il pensait être sien, il a droit de rétention » et n'a point d'action, parce que son intention n'a pas » été d'obliger à soi..... Martinus et Azo, anciens » glossateurs, ont dit que de vrai, selon le droit étroit, » pour de tels frais il n'y a point d'action directe, mais » que l'action utile est octroyée pour répéter telles im- » penses... Et je suis de même avis. Partant qu'ès cas » où la loi dit que celui qui a frayé n'a point d'action, » ains seulement rétention, soit entendu de l'action di- » recte; et néanmoins qu'il puisse exercer l'action utile... » *Imo*, quand aucun qui pouvait user de rétention de la » chose s'en est départi sans être remboursé, il a son » action à ce que la jouissance lui soit rétablie. » (Quest. 198.)

De Serres (Instit. liv. 2, tit. 1, § 30) indique nettement la transformation qu'à subie la rétention romaine, dans un passage qui commence par ces mots : « Suivant le Droit romain, » et se termine ainsi : « Mais en France, » où les formules des actions sont abrogées et où l'on » ne s'attache qu'à l'équité, il est indifférent, quant au » remboursement des bâtiments et réparations, que l'on » soit en possession du fonds ou qu'on n'y soit plus, et » on peut le demander directement et sans circuit. »

Dumoulin (Sur Paris, tit. 1 § 1, gloss. 5, n°s 102 et

suiv.) professe la même théorie. Il est donc hors de doute que le rétenteur, dans notre ancien droit, pouvait agir aussi bien par voie d'action que par voie d'exception.

SECTION VI

PRINCIPAUX CAS OU L'ON RENCONTRE LE DROIT DE RÉTENTION.

Comme en Droit Romain, le cas de rétention le plus fréquent est celui où il s'agit de recouvrer les impenses faites sur la chose d'autrui ; la plupart des textes dont nous avons donné des extraits jusqu'à présent, prévoient cette hypothèse, sur laquelle nous fournirons quelques éclaircissements.

Tout d'abord, on peut poser en principe que l'ancien droit avait admis, en général, les règles usitées à Rome, sauf exception pour ce qui concerne les retraits. Ainsi :

A.— Le possesseur de bonne foi et le possesseur de mauvaise foi jouissaient du droit de rétention pour se faire indemniser de leurs dépenses nécessaires. Mais, d'après quelques coutumes, en matière de retraits les dépenses ne pouvaient être garanties par la rétention qu'autant qu'elles avaient eu lieu par autorité de justice ; cette disposition avait pour but d'empêcher que l'on ne cherchât à mettre obstacle, par des dépenses exagérées, à l'exercice du retrait. (Cabrye, p. 103).

B. — A l'égard des impenses utiles, la rétention

n'était accordée qu'au seul possesseur de bonne foi, et seulement jusqu'à concurrence de la plus-value. Observons pourtant que, suivant Pothier, tout en refusant ici le droit de rétention au possesseur de mauvaise foi, les juges pouvaient ordonner qu'on l'indemnisât ; mais c'était là, disait cet éminent jurisconsulte, une question de fait abandonnée à la sagesse des tribunaux.

C. — Quant aux impenses voluptuaires, que l'on fût de bonne ou de mauvaise foi, on ne pouvait que les enlever, à la condition de le faire sans qu'il en résultât aucun dommage pour le fonds. Cependant Boutaric, cité par Serpillon (sur l'ord. de 1667, tit. 27, art. 9), accorde même dans ce cas le droit de rétention au possesseur de bonne foi.

Comme nous l'avons dit plus haut, ces règles souffraient exception en matière de retraits ; dans ce cas les impenses nécessaires étaient seules garanties par le droit de rétention.

Grimaud (des retraits, liv. 8, ch. 1), s'exprime ainsi : « *Utiles in revocatoria non attenduntur, ne » tantorum sumptuum occasione rei emptæ in gra- » tiam dolosi emptoris cedere cogatur.* »

« En retrait lignager ou conventionnel, payer les » réparations nécessaires seulement, » disait la coutume d'Angoulême (art. 79). (V. en ce sens coutume d'Anjou, art. 378, de Mantes, art. 84).

Constatons, cependant, que les coutumes de Montargis (chap. 16, § 14) et d'Orléans (art 293) admettaient la règle contraire : « Retrayant est tenu payer » les réparations utiles faites sans fraude. »

Il importe de noter, en terminant, un expédient ingénieux auquel on avait recours lorsque les impenses utiles avaient produit une plus-value tellement considérable qu'il était impossible au propriétaire de la payer. On lui permettait de rentrer en possession de son immeuble, à la condition qu'il se constituât, envers le rétenteur, débiteur d'une rente dont les arrérages étaient l'équivalent des revenus que pourrait produire, par chaque année, la plus-value dont il bénéficiait ; cette rente était garantie par un privilége sur l'immeuble amélioré. (Pothier, dom. de propriété, n° 347).

SECTION VII

I. — AVANTAGES DU DROIT DE RÉTENTION. II. — SES MODES D'EXTINCTION.

I. — Dans notre ancienne législation, le droit de rétention était devenu, à un triple point de vue, plus avantageux encore qu'il ne l'était à Rome. Nous avons vu, en effet, que le rétenteur jouissait d'un droit de préférence, d'un droit de suite, et d'une action subsidiaire qui suppléait l'exception.

Sous un autre rapport, la rétention avait subi une restriction, inconnue chez les Romains, qui consista à l'enfermer dans un délai fatal et à la subordonner même, quant à son existence, à la faculté qu'a le débiteur de donner une autre garantie que le créancier ne peut refuser. (V. Cabrye, p. 102.)

II. — Les modes d'extinction sont les mêmes qu'en Droit Romain. Ils procèdent tantôt par voie accessoire, tantôt par voie principale. Ainsi le droit de rétention s'éteint, accessoirement, par la perte de la créance garantie ; principalement, par l'anéantissement de la chose retenue, ou la renonciation du créancier. Remarquons, seulement, que la renonciation devra être expresse, puisque, malgré l'abandon de la possession, le créancier conserve encore un recours contre le débiteur. (V. sect. V.)

Signalons un mode d'extinction principal, particulier à l'ancien Droit. Le droit de rétention ne peut plus être invoqué lorsque le défendeur n'aura pas fait liquider sa créance dans le délai qui lui aura été imparti par le juge (ord. de 1539, art. 97), ou qui a été fixé par la loi (ord. 1566), et lorsque le demandeur lui aura fait l'offre d'une caution (ord. de 1667.)

CHAPITRE III.

DROIT INTERMÉDIAIRE.

La législaation intermédiaire, suivant en cela l'exemple de l'ancien Droit, ne contient aucun texte de loi qui réunisse en corps de doctrine l'ensemble des principes qui régissent le droit de rétention. Il est certain qu'en l'absence de documents introductifs de droit nouveau, les anciennes règles devaient encore être suivies à cette époque (v. Glasson, p. 25.)

On rencontre, dans la période révolutionnaire, quelques lois qui accordent le droit de rétention dans des hypothèses nouvelles, résultant des mesures prises par l'Assemblée Constituante.

C'est d'abord la loi des 22 novembre et 1er décembre 1790, qui décide que les acquéreurs de certains domaines nationaux, sujets à rachat perpétuel, ne peuvent être dépossédés sans avoir été mis en demeure de recevoir leur finance principale avec les accessoires (art. 25).

Puis, la loi des 7 juin-6 août 1791, sur le domaine congéable, qui dispose que le domanier ne peut être expulsé qu'à la condition d'être préalablement remboursé des améliorations dont le prix lui est dû (art. 21).

Enfin, la loi des 28 septembre - 6 octobre 1791, concernant les biens et usages ruraux et la police rurale, qui déclare qu'un propriétaire ne peut être exproprié, pour cause d'utilité publique, que moyennant une juste et préalable indemnité, de telle sorte que, tant qu'il ne l'a pas reçue, il a le droit de retenir son immeuble (art. 1er).

DROIT ACTUEL

CHAPITRE I

CONSIDÉRATIONS PRÉLIMINAIRES SUR LE DROIT DE RÉTENTION.

Le droit de rétention, dans notre législation comme dans celles qui l'ont précédée, est la faculté qui appartient au détenteur de la chose d'autrui, d'en refuser la restitution au propriétaire, tant que ce dernier ne lui aura pas payé intégralement ce qu'il lui doit à l'occasion de cette chose.

L'*in fine* de notre définition est critiqué par certains auteurs (v. Cabrye, p. 108), mais nous laisserons pour le moment leurs objections de côté, car l'examen de cette question trouvera place dans le chapitre où nous étudierons les conditions d'existence du droit de rétention.

Signalons ici une erreur commise par M. Dalloz (Rép. Alph. v° Rétention, n° 1) ; il donne au mot rétention un sens beaucoup trop large, lorsqu'il prétend qu'il désigne le fait de détenir la chose d'autrui, quand bien même la cause de cette détention serait illicite, comme au cas de vol, par exemple. C'est là, en effet, confondre deux choses essentiellement distinctes, la rétention et la détention ; l'une est un droit, produisant des conséquences juridiques importantes, l'autre n'est qu'un simple fait, dégagé de toute relation avec l'acquisition ou l'exercice d'un droit et qui, par lui-même, est destitué de tout effet civil.

Nous avons, au début de cette étude, examiné le fondement et prouvé la légitimité du droit de rétention, il est donc inutile d'y revenir, et nous nous bornerons, pour le moment, à présenter sommairement les principaux traits qui différencient la rétention de plusieurs autres institutions de crédit.

Prenons d'abord le gage ; cette sûreté a sa source dans un contrat, tandis que la rétention naît de la loi même ; le gage a beaucoup plus d'étendue que la rétention, puisque cette dernière constitue l'un de ses éléments ; le créancier-gagiste non-seulement jouit d'un privilége, mais il a, de plus, la faculté de faire ordonner en justice que la chose engagée lui demeurera en paiement et jusqu'à due concurrence, d'après une estimation faite par experts (art. 2078 et 2079) ; le simple rétenteur est privé de ces deux avantages ; enfin le gage ne porte que sur les meubles, tandis que la rétention s'applique aux immeubles aussi bien qu'aux meubles.

Quant à l'antichrèse, peu de chose à dire, sinon que cette sûreté n'est employée qu'en matière d'immeubles et que le créancier antichrésiste peut, à la différence du rétenteur, percevoir pour son compte les fruits de l'immeuble, sauf à les imputer sur ce qui lui est dû.

Si nous passons au privilége, nous voyons que le créancier privilégié jouit d'un droit de préférence direct sur le prix provenant de l'aliénation de la chose soumise au privilége, tandis que le rétenteur n'est investi d'aucune cause de préférence à l'encontre de ses co-créanciers, puisque, s'il fait vendre la chose qu'il détient, il n'est payé qu'au marc le franc. Il est vrai que si la vente est provoquée par les autres créanciers ou par le débiteur lui-même, le rétenteur pourra refuser de se dessaisir avant d'être intégralement désintéressé ; mais ce n'est là qu'un droit de préférence indirect, qui ne saurait être assimilé à celui qui appartient, *de plano*, au créancier privilégié.

Entre l'hypothèque et la rétention, on constate aussi des différences nombreuses ; l'une existe indépendamment de toute détention, l'autre exige au contraire cette condition ; la première est soumise à un régime de publicité dont la seconde est affranchie (v. chap. VI); enfin l'une engendre un triple droit de suite, de préférence et d'expropriation, que l'on ne retrouve point chez l'autre.

Il convient ici, croyons-nous, de dire quelques mots

d'une institution qui offre beaucoup d'analogie avec la rétention, la Mise en fourrière. (Loi 28 sept.-6 octobre 1791, tit. II, art. 12. Décret 18 juin 1811).

Voici en quoi elle consiste : Tout propriétaire dont le champ a été envahi et endommagé par des bestiaux ou volailles abandonnés, a le droit de les tuer, s'ils se trouvent sur son terrain ; dans le cas où ils n'y seraient plus, il peut seulement s'en emparer, et les mettre aussitôt en fourrière publique ; après un délai de huitaine, on les vend et le propriétaire s'indemnise, sur le produit de cette vente, des dégâts que son champ a subis. Comme la rétention, ce droit s'exerce sans qu'il soit besoin de recourir à la justice, et il garantit une dette qui se trouve connexe avec les objets sur lesquels il porte. Voilà les points de contact ; voyons maintenant les différences. La première, c'est que la mise en fourrière est nécessairement suivie, dans la huitaine, de la vente des animaux, tandis que le rétenteur n'est jamais obligé de provoquer la vente de la chose retenue, puisqu'en agissant ainsi il perdrait précisément sa sûreté. La seconde différence consiste en ce que le propriétaire du champ envahi n'a pas besoin, pour recourir à la mise en fourrière, de se trouver en possession des animaux ; si la loi suppose que leur maître les a abandonnés, il ne s'ensuit pas qu'ils doivent être aux mains du propriétaire envahi ; ils peuvent avoir échappé à ce dernier, et tout ce que la loi veut, c'est qu'ils soient encore en état d'abandon (v. Glasson, p. 30). L'exercice de la rétention, au contraire, est toujours subordonné au fait de la détention.

Après avoir montré que le droit de rétention forme, dans notre législation moderne, un droit *sui generis*, distinct des autres institutions de crédit, nous devons nous demander quels sont ses caractères, quelle est son étendue, etc., comme nous l'avons fait déjà en Droit Romain et dans notre ancienne jurisprudence. Nous retrouverons ici les mêmes difficultés que précédemment, car les législateurs modernes, à l'exemple de leurs devanciers, se sont contentés de mentionner la rétention dans plusieurs textes détachés (v. art. 545, 867, 1612, 1613, 1673, 1749, 1885, 1948, 2082, 2087, C. Civ.; 306, 577, C. Com. Loi 7 juin-5 août 1791, art. 21; Loi 3 mai 1841, art. 53), mais ils ne la définissent ni ne l'organisent nulle part. La définition, nous l'avons donnée en commençant ce chapitre, mais l'organisation reste à déterminer; c'est ce qui fera l'objet des chapitres qui suivent.

Mais avant d'entreprendre ce travail, et pour donner plus de clarté aux développements qu'il nécessite, il n'est pas inutile de nous arrêter quelques instants sur une triple classification, admise par la plupart des auteurs qui ont traité la matière. Le droit de rétention est *conventionnel* ou *légal*, *exprès* ou *tacite*, *simple* ou *qualifié*.

A. — Le droit de rétention *légal* est celui que la loi établit formellement, ou que les commentateurs accordent, par extension, lorsqu'il y a connexité entre la créance et la chose retenue. Le droit de rétention est *conventionnel* quand il se présente comme accessoire du gage ou de l'antichrèse, ou, plus généralement, quand il résulte d'un contrat intervenu entre les parties; ce dernier cas ne peut pas faire de doute, car, s'il est permis au débiteur de consentir à son créancier un gage ou une antichrèse, *à fortiori* il doit pouvoir lui concéder une garantie moins étendue, telle qu'un droit de rétention pur et simple : qui peut le plus peut le moins. C'était, du reste, la solution de l'ancien droit (V. Dumoulin, *tractatus contractuum, quæst.* 36, n° 278). Dans cette hypothèse, pour que le créancier puisse se prévaloir de la rétention, il faut, outre la convention des parties, que le débiteur ait fait tradition de la chose au créancier; nous n'exigerons, conformément aux principes ordinaires, la rédaction d'un acte qu'en matière excédant 150 fr.; pour que cet acte puisse être opposé aux tiers, il n'est pas nécessaire qu'il ait été enregistré, ni même transcrit (dans le cas où l'objet du droit de rétention serait un immeuble), car la loi de 1855 est muette sur ce point; il suffit donc qu'il ait acquis date certaine d'une manière quelconque. (V. Glasson, p. 48.)

Le droit de rétention légal et le droit de rétention conventionnel, ayant un but identique, doivent être régis par les mêmes règles, avec cette différence, toutefois, que le second peut être modifié par les clauses du contrat.

Certains auteurs remplacent la division que nous venons de donner, en disant que le droit de rétention est *volontaire* ou *forcé* ; et ils subdivisent le premier en *conventionnel* ou *testamentaire*, le second en *légal* ou *judiciaire*. Cette manière de procéder ne présente, d'ailleurs, aucun intérêt.

B. — Le droit de rétention conventionnel étant toujours exprès, notre seconde division ne s'applique qu'au droit de rétention légal. Celui-ci est *exprès* quand il résulte d'une disposition formelle de la loi ; *tacite*, lorsqu'on l'admet par extension toutes les fois que la condition de connexité se trouve remplie.

C. — Le droit de rétention est *simple* ou *qualifié*, ou encore *principal* ou *accessoire*, selon qu'il existe comme droit principal ou qu'il forme un des éléments d'un autre droit plus étendu, comme au cas de gage ou d'antichrèse. C'est là une pure distinction de mots, qui rentre d'ailleurs dans notre première classification.

CHAPITRE II

CARACTÈRES DU DROIT DE RÉTENTION.

Le droit de rétention, considéré dans son essence même, est un droit réel, accessoire, indivisible, et susceptible de transmission.

A. — Nous disons, d'abord, que la rétention constitue un droit réel ; c'est là une question qui, dans notre législation actuelle comme en Droit Romain, a suscité de vives controverses. Pour démontrer la réalité du droit de rétention, nous nous appuierons : 1° sur l'ancien droit ; 2° sur le texte de la loi ; 3° sur son esprit et sur les travaux préparatoires du Code ; 4° sur les rapports d'analogie qui existent entre la rétention et l'antichrèse.

1° Nous avons vu précédemment que tous les jurisconsultes coutumiers étaient d'accord pour reconnaître que la rétention constituait un droit réel ; or, il est logique de supposer qu'en présence d'une opinion aussi unanime, si les rédacteurs du Code avaient voulu admettre une théorie contraire, ils s'en seraient formellement expliqués ; or, ils n'ont rien dit qui puisse faire croire qu'ils aient abandonné les principes suivis par leurs devanciers ;

2° Au contraire, nous trouvons dans le Code de nombreuses dispositions d'où il résulte clairement que la rétention est bien un droit réel.

Ce sont d'abord les art. 867 et 1948 qui accordent le droit de rétention au cohéritier soumis au rapport et au dépositaire, sans spécifier s'ils ne peuvent s'en prévaloir que vis-à-vis telle ou telle personne déterminée. La loi s'exprime en termes généraux ; c'est donc que la rétention est opposable à tout le monde.

L'art. 1749 n'est pas moins concluant ; il dispose, en effet, « que les fermiers ou les locataires ne peuvent

» être expulsés qu'il ne soient payés par le bailleur, » ou, à son défaut, par le nouvel acquéreur, des dom- » mages et intérêts ci-dessus expliqués. » Si la loi permet au fermier d'exercer le droit de rétention à l'encontre de l'acquéreur, c'est que ce droit est réel, car, s'il était personnel, il serait restreint aux rapports du fermier et du bailleur.

L'art. 1612, qui accorde le droit de rétention au vendeur en cas de non paiement du prix, et l'art. 1613, d'après lequel il en jouit également, au cas où il a accordé un délai pour le paiement, lorsqu'il est en danger imminent de perdre sa chose par suite de la mise en faillite ou de la déconfiture de l'acquéreur, ces deux articles, disons-nous, sont encore une preuve convaincante de la réalité de la rétention. En accordant le droit de rétention au vendeur, la loi a voulu évidemment le protéger contre les risques de l'insolvabilité de l'acheteur, en d'autres termes, l'empêcher de perdre la chose vendue et le prix de vente ; mais ce danger, d'où provient-il, sinon de la présence d'autres créanciers ? En effet, dans le cas de faillite, si l'objet vendu est mobilier, le vendeur, qui ne peut plus se prévaloir de son action en revendication ni de son privilége (art. 550 C. C.), va se trouver, s'il a opéré la délivrance, au nombre des simples créanciers chirographaires, et obligé de subir l'effet des priviléges généraux, s'il y en a ; or, en usant du bénéfice de l'art. 1613, c'est-à-dire, en refusant de livrer la chose, les résultats désastreux provenant de la présence des autres créanciers, sont conjurés; c'est donc surtout contre ces derniers que le droit de rétention est efficace. Si nous écartons le cas de faillite, la situation reste la même; le vendeur qui consentirait à livrer une chose mobilière avant le paiement du prix, se trouverait, lui aussi, dépouillé de toutes ses garanties, privilége, action en revendication ou en résolution, si l'acquéreur aliénait la chose et en faisait tradition à des tiers de bonne foi, car ceux-ci seraient couverts par l'art. 2279. Le droit de rétention de l'art. 1612 a été créé pour parer à ce danger, et ce résultat n'est obtenu qu'autant que ledit droit est opposable aux ayant-cause particuliers de l'acheteur;

3° Le but de la loi n'a pas été seulement de faire du droit de rétention un simple stimulant, destiné à exciter le débiteur à payer sa dette pour recouvrer sa chose; elle a été plus loin, elle a voulu, comme nous venons de le voir, en faire une *sûreté*, une protection pour le rétenteur contre les créanciers ou ayant-cause de son débiteur; ce but n'est atteint qu'à la condition que le rétenteur jouisse d'un droit réel, qui empêche ses co-créanciers de lui enlever la chose et de la faire vendre pour en partager le prix; c'est donc méconnaître l'esprit de la loi que de prétendre qu'elle ne voit, dans le droit de rétention, qu'un pur droit personnel.

D'ailleurs, les travaux préparatoires du Code nous offrent de nombreux passages où la pensée du législateur apparaît d'une façon bien claire. Ainsi, il a été dit, à propos de la rétention du dépositaire : « de la » part de ce dernier (du déposant), tout consiste à rem- » bourser au dépositaire les dépenses qu'il a faites pour » la conservation du dépôt et à l'indemniser des pertes » que ce dépôt aurait pu lui causer ; mais, jusqu'au » paiement de ces dépenses et indemnités, le dépôt » peut être retenu, car il est naturellement, et sans le se- » cours d'aucune stipulation, le gage des créances dont » il est la cause. » (Extrait du registre des délibérations du Cons. d'État sur le dépôt, p. 4). M. Réal a reproduit la même idée, dans des termes identiques, devant le Corps législatif. Enfin M. Favard a déclaré que « le dépositaire a un privilége pour le rembourse- » ment de ses frais, puisque la loi l'autorise à retenir » le dépôt *quasi quodam jure pignoris*, jusqu'à l'en- » tier paiement de ce qui lui est dû. » C'était là, nous semble-t-il, affirmer d'une manière catégorique la réalité du droit de rétention. Le mot *privilége* n'est point employé dans son sens technique, mais il désigne simplement, comme dans l'art. 2111, une sorte de droit de préférence sur d'autres créanciers, et par conséquent un droit qui leur est opposable ;

4° L'antichrèse est un droit réel ; on a prétendu le contraire, il est vrai, mais cette opinion ne se soutient plus en présence de la loi du 23 mars 1855 (art. 2), qui prescrit la transcription de tout acte constitutif d'antichrèse, ou portant renonciation à ce même droit. Or, si l'on cherche, parmi les éléments constitutifs de l'antichrèse, lequel a pu imprimer à ce droit ce caractère de réalité, on s'aperçoit facilement que ce ne peut être la faculté de percevoir les fruits du fonds (article 2085), faculté temporaire et qui ne peut être exercée qu'à charge de rendre compte, mais bien le droit de rétention qui s'y trouve compris.

Pour tous ces motifs, nous persistons à penser que le droit de rétention constitue un véritable droit réel, opposable non-seulement au débiteur, propriétaire de la chose retenue, mais encore à tous ses ayant-cause. (En ce sens, Cabrye, p. 124 et suiv. ; Glasson, p. 37 et suiv. ; Tarrible, rép. de Merlin, v° Priv. de créance, sect. 1, n° 6 et sect. 4, § 5, n° 1 ; Demolombe, distinct. des biens, n° 682 ; Mourlon, exam. crit., n°s 215, 222 et suiv. ; Duranton, XVIII, n° 560 ; Proudhon, usufruit, n° 90 ; Valette, Privil. et hyp. n° 7 ; Charlemagne, Encyclopédie du droit, v° antichrèse, n° 37 ; Boileux, sous l'art. 2094 ; Lyon, 27 août 1849, Dall. rép. alph. v° rétent., n° 77 ; Cass., 31 mars 1851. J. P. 51, 1, 65 ; Caen, 12 février 1853, J. P. 53, 2, 294). Nous étudierons plus tard, dans un chapitre spécial, le concours de la rétention avec le privilége et l'hypothèque.

Il nous reste maintenant à examiner les objections que les partisans de la personnalité font valoir contre notre système (V. Delvincourt, III, p. 212, note 1 ; Rauter, *Rev. étrang.* 1841, p. 769 ; 1844, p. 565 ; Troplong, Nantissement, n°s 42, 524, 552 et suiv. ; Priv. n° 256 ; Dalloz. rec. alph. v° rétent., n° 6 ; Martou, C. de la loi Belge sur les hyp. I, n°s 34 et 259 ;

Bruxelles, 27 octobre 1819 ; Cass., 11 juillet 1855, Dalloz, rec. alph. v° rétent., n° 77 ; Liége, 14 juillet 1821 ; Rennes, 24 août 1827 ; Bastia, 9 mai 1838 ; Paris, 24 juillet 1852, J. P. 38, 2, 297 et 53, 2, 293.)

Il est de principe, dit-on, que les créanciers sont tous payés par contribution s'il n'existe entre eux aucune cause légitime de préférence (art. 2093). Or, la loi ne range parmi les causes de préférence que les privilèges et les hypothèques (Art. 2094) ; elle ne dit rien du droit de rétention ; donc,

La réponse est facile. En effet, la rétention, comme nous l'avons déjà dit en Droit Romain et comme nous le verrons bientôt, ne constitue pas, à proprement parler, une cause de préférence ; ce n'est qu'indirectement, et par suite de la nature particulière de son droit, que le rétenteur arrive à être payé avant tous autres créanciers ; il n'a qu'un seul avantage, c'est de pouvoir conserver la chose jusqu'à son remboursement ; si donc il consent à s'en dessaisir auparavant, ou s'il provoque lui-même la vente, il ne sera payé qu'au marc le franc ; par conséquent, il est inexact de voir dans le droit dont il est investi une cause de préférence ; le silence de l'art. 2094 n'a donc rien que de très-naturel.

On tire encore argument contre nous du 2e alinéa de l'article 2082, lequel est ainsi conçu : « S'il existait de » la part du même débiteur, envers le même créancier, » une autre dette contractée postérieurement à la mise » en gage et devenue exigible avant le paiement de la

» première dette, le créancier ne pourra être tenu de » se dessaisir du gage avant d'être entièrement payé » de l'une et de l'autre dette, lors même qu'il n'y au- « rait eu aucune stipulation pour affecter le gage au » paiement de la seconde. » Or, dit-on, cet article a été puisé dans la loi unique *etiam ob chirog. pec.*, au Code, qui ne permettait d'opposer le gage retenu pour garantir la seconde créance, qu'au débiteur seul, et non à ses ayant-cause particuliers : pour s'en convaincre, on n'a qu'à se reporter aux déclarations de M. Berlier : « La disposition de l'article 2082, disait-il, » n'est pas introductive d'un droit nouveau, elle n'est » que la reproduction de la loi romaine....» (Fenet, XV, p. 197).

Certes, nous le reconnaissons, c'est bien la loi du Code qui est l'origine de notre article 2082, mais affirmer avec M. Berlier que l'on s'est borné à reproduire la théorie romaine sans la modifier, c'est commettre une grave erreur ; il suffit, en effet, de comparer les deux textes, pour constater entre eux de notables différences. Ainsi, en Droit Romain, le créancier pouvait retenir son gage, non-seulement pour sûreté de la dette à laquelle il avait été spécialement affecté, mais encore pour garantir toute autre dette, quelles que fussent son origine, sa date ou son exigibilité; d'après l'art. 2082, au contraire, le gagiste ne peut user du bénéfice de la loi qu'autant que la seconde créance est postérieure à la constitution du gage, et se trouve exigible avant la première.

De plus, les rédacteurs du Code ont motivé leur décision d'une tout autre manière que le législateur romain. Nous nous rappelons, en effet, que la loi *Etiam ob. chirog. pec.* était basée sur cette considération, qu'il y avait dol de la part du débiteur à vouloir reprendre sa chose sans remplir ses obligations ; dès lors on comprend très-bien que l'exception de dol ne pouvait être opposée qu'à lui seul, attendu que ses autres créanciers ne se trouvaient plus liés, comme lui, vis à vis du rétenteur. Il résulte, au contraire, de l'ensemble des discours, prononcés lors de la discussion du projet de loi, que le législateur français ne s'est point fondé sur une pure considération d'équité, mais qu'il est parti de ce principe : que les parties étaient présumées avoir affecté le gage au paiement de la seconde dette. « En exigeant ce gage, dit le tribun Gary, » le créancier a montré qu'il ne se fiait pas à la per» sonne du débiteur, et la sûreté qu'il a prise une fois, » il est censé l'avoir conservée pour la garantie de sa » seconde créance. » (Fenet, XV, p. 216). Si donc le droit de rétention est accordé, dans l'espèce, à titre de sûreté, il faut nécessairement qu'il soit réel, c'est-à-dire opposable aux tiers, tout comme le droit de gage garantissant la première créance. Les paroles de M. Berlier n'ont point eu d'écho, et les termes de l'art. 2082, conformes à la déclaration de M. Gary, nous prouvent que c'est l'opinion de ce dernier qui a triomphé.

B. — Le droit de rétention est un droit accessoire, c'est-à-dire qu'il suppose toujours une créance à laquelle il se rattache et dont il suit le sort. Remarquons que cette expression « droit accessoire » est employée ici dans un sens tout différent de celui avec lequel nous l'avons prise à la fin du chapitre précédent ; que le droit de rétention soit seul ou qu'il fasse partie intégrante d'un droit plus étendu, dans les deux cas il n'en constitue pas moins un droit accessoire par rapport à la créance qu'il garantit.

C. — L'indivisibilité du droit de rétention ne saurait être mise en doute dans notre législation, en présence des dispositions formelles de différents articles du Code, tels, par exemple, que l'art. 1948, qui décide que le « dépositaire peut retenir le dépôt jusqu'à » l'entier paiement de ce qui lui est dû à raison du » dépôt. » (V. art.867, 1673, 2082, 2°; 2083 et 2087, C. Civ.)

Si donc la rétention porte sur plusieurs objets et que le rétenteur reçoive un paiement partiel, il conservera son droit sur tous les objets, au lieu de le perdre pour une part proportionnelle, comme cela se passerait si le rétention était un droit divisible.

Réciproquement, si la rétenteur remet à son débiteur quelques-uns des objets qu'il détenait, il ne perd pas son droit de rétention pour une part correspondante de sa créance, mais il peut conserver les autres objets jusqu'à son paiement intégral.

Si nous supposons que le débiteur meure, laissant plusieurs héritiers, la dette se divisera entre eux proportionnellement à leur part héréditaire, mais l'héritier qui aura payé la portion de dette mise à sa charge, ne sera pas admis à exiger du rétenteur la remise de la plus minime fraction de la chose retenue, tant que celui-ci n'aura pas été complètement remboursé.

A l'inverse, lorsque le créancier laisse plusieurs héritiers, la créance se divise bien entre eux, mais pas le droit de rétention ; tant que chacun des héritiers n'a pas reçu sa part complète, le débiteur ne peut pas se faire restituer la chose retenue.

D. — Le droit de rétention peut être cédé en même temps que la créance qu'il garantit. Nous renvoyons l'examen de cette question au chapitre sous lequel nous traiterons des droits du rétenteur.

CHAPITRE III.

CONDITIONS REQUISES POUR L'EXISTENCE DU DROIT DE RÉTENTION.

Trois conditions sont nécessaires pour que l'on puisse invoquer le droit de rétention. Il faut : 1° être en possession de la chose sur laquelle on prétend exercer ce droit ; 2° être créancier du propriétaire de la chose ; 3° enfin, que la créance ait pris naissance à l'occasion de la chose, qu'il y ait, en un mot, *debitum cum re junctum*.

La nécessité des deux premières conditions n'est

révoquée en doute par personne ; quant à la troisième, elle a suscité de vives controverses et donné lieu à plusieurs systèmes que nous examinerons bientôt.

Première condition. — Il faut être en possession de la chose. C'est presque une naïveté, car il est évident que l'on ne peut retenir que ce que l'on a sous la main ; cette condition résulte donc de la nature même des choses ; les textes du Code relatifs à la rétention (art. 867, 1673, 1749. 2082, 2087) la supposent accomplie, et la jurisprudence est formelle dans ce sens. (Cass. req. 18 avril 1843. D. A. v° Commiss. n° 50 ; Nancy, 24 août 1844, id. v° Retent., n° 15 ; Caen, 3 janvier 1849, D. P. 51, 2, 103 ; Cass., 4 août 1852, D. P. 52, 1, 197 ; Cass., 24 février 1857, D. P. 57, 1, 65 ; Paris, 1er décembre 1859, D. P. 60, 2, 63 ; Besançon, 14 décemb. 1864, et 16 janv. 1865, S. 65, 2, 127 ; Agen, 28 mai 1868, S. 68, 2, 231 ; Cass., 25 janvier 1869, S. 69, 1, 154 ; Metz, 27 avril 1869, S. 69, 2, 237 ; Bordeaux, 28 février 1870, S. 70, 2, 176).

Remarquons qu'il ne s'agit point ici d'une possession civile proprement dite, la simple détention matérielle suffit : la loi nous le prouve elle-même, en accordant la rétention au fermier et au dépositaire (1749, 1948). Enfin, il n'est pas nécessaire que l'on détienne par soi-même, pourvu que la chose soit aux mains d'un tiers qui la possède au nom et pour le compte du créancier.

Deuxième condition. — Il faut être créancier du

propriétaire de la chose. Le droit de rétention, droit accessoire comme le gage et l'hypothèque, ne se comprend pas sans une créance à laquelle il sert de garantie.

Il peut se faire que la créance existe à l'encontre d'un autre que le propriétaire de la chose et qu'il y ait encore lieu d'accorder le droit de rétention. C'est ce qui arrive dans les trois cas suivants :

A. — Lorsqu'un tiers affecte sa propre chose à la sûreté de la dette d'autrui (art. 2077, 2090, C. Civ.).

B. — Lorsque le débiteur remet en gage au créancier de bonne foi un meuble appartenant à autrui, pourvu, bien entendu, qu'il ne s'agisse point d'un objet perdu ou volé (art. 2279 ; Cabrye, p. 119 ; Glasson, p. 55 ; Delvincourt, p.106, n° 5; Pont,Priv. et hypoth, n° 119; Mourlon, ex. crit. p. 241). Quelques auteurs rejettent cependant cette solution, en s'appuyant sur l'opinion de Pothier (nantiss. n° 7) et la coutume d'Orléans, qui suivaient strictement la maxime romaine : *nemo plus juris in alium transferre potest quàm ipse habet.* Mais ce système est inadmissible, en présence de la grande majorité des Coutumes, qui s'inclinaient devant cette règle : que les meubles n'ont point de suite *(Faber, ration. ad leg. 5, § 8, De trib. act.).* La jurisprudence ancienne s'était fixée dans ce sens (arr. du Parlem. du 7 fév. 1636), et les rédacteurs du Code Civil s'engagèrent dans la même voie. Il suffit, en effet, de lire la discussion et l'exposé des motifs du titre du nantissement, pour se convaincre que notre système est bien celui du législateur.

C. — Lorsqu'un propriétaire, qui, pour une cause juridique quelconque, se trouve forcé d'abandonner momentanément la possession de sa chose à un tiers, a fait sur elle des dépenses qui sont à la charge de ce dernier, il a le droit de retenir sa chose et d'en refuser la délivrance jusqu'à ce que le tiers l'ait rendu complètement indemne. (Glasson, p. 56). Cela se présente, par exemple, dans le cas d'un propriétaire qui, ayant reçu sa chose en dépôt de la part de l'usufruitier ou du locataire, ou ayant mis ledit usufruitier ou locataire en demeure de la retirer, a fait sur elle des dépenses qui incombent à l'usufruitier ou au locataire.

Devons-nous admettre, dans notre droit actuel, comme nous l'avons fait en Droit Romain et dans notre ancienne législation, que le droit de rétention peut servir de garantie à une obligation purement naturelle ?

Dans un premier système, on tient pour la négative, en se fondant sur cette considération : que le Code Civil a restreint, dans une proportion notable, les effets que produisaient les obligations naturelles dans les législations antérieures ; il est admis aujourd'hui que les obligations naturelles ne peuvent plus faire l'objet d'une compensation (Aubry et Rau III, § 297, texte et note 16, § 326 texte et note 11 ; Toullier, VI, p. 388 ; Duranton, X, p. 52). Or, la compensation et la rétention offrent beaucoup d'analogie. Donc, etc.

Un second système adopte l'affirmative, pour cette

raison que, du moment que la loi ne défend pas de garantir les obligations naturelles au moyen d'un gage ou d'une hypothèque, on ne doit pas se montrer plus rigoureux quand il s'agit d'un simple droit de rétention.

Cet argument n'est rien moins que concluant, car si le débiteur, qui n'est obligé que naturellement, consent à donner une sûreté au créancier, cette manière d'agir contient une ratification qui imprime à l'obligation la force civile qui lui manquait (art. 1235, C. Civ.). Mais, en matière de rétention, la situation n'est plus la même, car le débiteur, loin de vouloir acquitter sa dette, manifeste, au contraire, d'une manière formelle, en réclamant la restitution de sa chose, l'intention de ne pas désintéresser son créancier. On ne peut donc point raisonner par analogie d'un cas à l'autre.

Quoi qu'il en soit, nous croyons devoir adopter le second système, et voici pourquoi : C'est que, d'abord, le Code étant complètement muet sur la question qui nous occupe, son silence nous paraît une preuve qu'il a entendu conserver une pratique constamment suivie dans les législations précédentes ; s'il avait voulu innover, il se serait expliqué à cet égard. En second lieu, le droit de rétention tire son origine du droit naturel; c'est dans un but d'équité qu'il a été sanctionné par la loi positive; or, s'il est équitable de l'accorder à des gens qui ont d'autres moyens de faire respecter leurs droits, dans le seul but de rendre leur position meilleure, n'est-il pas encore beaucoup plus logique et beaucoup plus conforme au but de l'institution, d'en permettre l'usage aux personnes qui n'ont d'autre voie pour se faire rendre justice ? (En ce sens, Glasson, p. 58).

Troisième condition. — Nous avons dit qu'il fallait que la créance du rétenteur ait pris naissance à l'occasion de la chose retenue, mais il importe de remarquer ici, comme nous l'avons fait dans le droit ancien, que nous ne raisonnons que sur l'hypothèse où la rétention est accordée par interprétation et sans qu'il existe aucun texte qui la confère expressément. Car, lorsque le bénéfice de la rétention résulte d'une disposition formelle de la loi ou de la convention des parties, peu importe alors que la dette soit ou non connexe ; c'est ce qui se produit notamment dans le cas prévu par l'art. 2082.

Ce système, consacré d'ailleurs par la jurisprudence, a été admis par la plupart des auteurs qui se sont occupés du droit de rétention (V. en ce sens : Battur, priv. et hyp., n°s 80 et suiv.; Troplong., priv. et hyp., n° 258, et nantis. n° 149 ; Boileux, sur l'art. 2094. Rauter, *rev. étran.* 1841 ; Marcadé sur l'art. 575 ; Demol, dist. des biens, n° 682.)

M. Mourlon, cependant, dans son *Examen critique* (n° 231), tout en reconnaissant la nécessité de la troisième condition que nous venons de mentionner, en exige une quatrième : d'après lui, la rétention ne saurait être accordée par extension ; il faut toujours une disposition expresse du législateur. Cette opinion nous paraît inadmissible, car demander à la fois la connexité et un texte formel, c'est se mettre en contradiction avec la loi elle-même, puisque celle-ci, dans certains cas, accorde la rétention, abstraction faite de toute relation entre la créance et la chose retenue (art. 2082, C. Civ.). Qu'on dise, si l'on veut, qu'on n'admettra la rétention que lorsque la loi l'accordera expressément, mais, alors, qu'on laisse de côté la connexité. C'est ce que fait M. Cabrye (nos 68 et suiv.), mais son système, bien que plus logique que le précédent, ne nous satisfait pas davantage; aussi persistons-nous à croire que, dans tous les cas où les trois conditions que nous avons énumérées se trouvent remplies, le créancier pourra se prévaloir de la rétention, malgré le silence de la loi. Voyons quelles objections on nous oppose ; en les réfutant, nous consoliderons notre système.

D'abord, dit-on, lorsque la loi, en reconnaissant à certaines personnes un droit de créance (art. 555, 570, 862, 1634, 1635, 1890, 2175, C. Civ.), ne leur a pas conféré le droit de rétention qu'elle accorde dans des cas analogues (art. 867, 1673, 1948 C. Civ.), c'est qu'elle a entendu le leur refuser ; on ne peut pas dire qu'il y a là une lacune, et que les juges doivent autoriser le droit de rétention en s'appuyant sur la disposition de l'art. 4 du Code Civil (Cabrye, p. 116).

C'est l'argument « *qui dicit de uno, negat de altero.* » Or, étant donné l'esprit général du Code, cette manière de raisonner conduit rarement à la vérité. Il arrive souvent que le législateur fait application à un ou plusieurs cas particuliers d'une règle générale qu'il a établie ou qu'il se propose d'établir, sans entendre le moins du monde limiter l'effet de cette règle et en exclure les cas analogues (V. par ex. l'art. 744 combiné avec 730 et 787 ; l'art. 1251, 2° et 3° combiné avec l'art. 2029). C'est précisément ce qui s'est produit en matière de rétention ; les rédacteurs du Code en ont trouvé le principe consacré par les législations antérieures ; mais, en l'absence de tout monument, soit de Droit Romain, soit de Droit Coutumier, qui formât un corps de doctrine des règles de la rétention, ils ont suivi l'exemple de leurs devanciers, se contentant de mentionner ce droit dans les hypothèses qui venaient à frapper leur attention ; s'ils avaient voulu créer un droit exceptionnel, ils se seraient expliqués d'une manière formelle Notre raisonnement est bien plus logique que celui de nos adversaires, puisque nous avons prouvé que le Droit Romain et notre ancien droit voyaient dans la rétention un principe général, applicable non pas à telle hypothèse spéciale, mais à tous les cas où l'on trouvait le *debitum cum re junctum*.

On nous reproche, en second lieu, de violer cet axiôme de Droit, d'après lequel l'interprétation restrictive est seule admissible en matière de préférence entre créanciers. La réponse est aisée ; assurément, nous reconnaissons la justesse de l'axiôme qu'on nous oppose, mais, ce que nous contestons, c'est qu'il soit applicable dans l'espèce. Le droit de rétention ne constitue point une cause de préférence, nous l'avons déjà dit, et la combinaison des art. 2093 et 2094 prouve que la loi l'entend bien ainsi. Sans doute, en conservant la chose de son débiteur jusqu'à ce que ce dernier l'ait désintéressé, le rétenteur arrivera à se faire payer intégralement, tandis que ses co-créanciers n'auront peut-être qu'un simple dividende, mais c'est là un résultat de la possession ; si le rétenteur l'abandonne, il n'est plus payé qu'au marc le franc ; il n'a donc pas de cause de préférence. D'ailleurs, même en admettant (ce qui n'est pas) que la rétention soit une cause de préférence, il y aurait toujours cette différence entre elle et les autres (gage, privilége, hypothèque), « que celles-ci sont contraires à l'équité, qui veut que » les biens du débiteur soient partagés également entre » ses créanciers, tandis que la rétention, quoique cons- » tituant aussi, mais indirectement, une dérogation » à cette règle, se base sur le droit naturel. » (Glasson, p. 61). Par conséquent, la nécesstié d'une interprétation restrictive ne serait pas aussi évidente ici qu'en matière de privilége ou d'hypothèque.

Mais, dit-on encore, « quel danger ne serait-ce pas, » de laisser à la volonté, à l'arbitraire du juge, de » disposer d'un droit réel, d'une sorte de cause de » préférence en faveur d'un créancier ou contre lui ! » (Cabrye, p. 116). Nos adversaires se trompent singulièrement s'ils pensent que notre système laisse quoique ce soit à l'arbitraire des tribunaux ! Bien au contraire ; le juge n'aura qu'une question de fait à vérifier, si l'exercice de la rétention donne matière à litige : Y-a-t-il connexité entre la créance et la chose retenue ? Si oui, le créancier devra être autorisé à retenir la chose ; si non, il sera condamné à la restituer.

En résumé, nous accordons la rétention toutes les fois que la créance aura pris naissance à l'occasion de la chose retenue, parce que : 1° C'était le système du Droit Romain et de l'ancien droit, et que rien ne prouve que les rédacteurs du Code aient entendu y déroger ; 2° il n'y a aucune raison de distinguer entre les cas où la loi accorde expressément la rétention, et ceux où elle n'en dit rien ; l'équité, qui sert de base à la rétention, doit être respectée dans une hypothèse comme dans l'autre.

Réfutons ici une objection que l'on pourrait puiser dans cette idée que la rétention a son principe dans l'équité : « D'après les simples notions du juste, telles » que la raison naturelle les inspire aux hommes, » il semble qu'il conviendrait d'accorder le droit de » rétention à tout créancier qui se trouverait, par une » juste cause, en possession d'une chose appartenant à » son débiteur, sans distinguer si la créance est ou » non connexe à la chose retenue ; le créancier a, » dans la chose du débiteur, un gage de sa créance, » et il paraît contraire à l'équité de l'obliger à s'en » dessaisir sans qu'il obtienne de son débiteur, soit le » paiement de ce qui lui est dû, soit une autre ga- » rantie équivalente. » (Dall. rép. alph. v° Rétent. n° 20). On a fort bien répondu à cela par cette considération « que, pour qu'un droit existe, il faut qu'il ait

» une cause ; or, cette cause, quant au droit de réten- » tion, on ne la découvre pas en dehors de la con- » nexité. » (Glasson, p. 66). La loi ou les parties peuvent se passer de cette condition, mais, hormis ces deux cas exceptionnels, la rétention ne peut exister sans le *debitum cum re junctum*. Quelle perturbation ne jetterait-on pas dans les affaires, si l'on pouvait retenir la chose que l'on a entre les mains, pour garantir une dette qui est y complètement étrangère ! Les procès se multiplieraient, tous les contrats se mêleraient dans une confusion inextricable ! Rien ne serait moins conforme à l'équité, par exemple, que d'obliger le bailleur à souffrir que le fermier retienne sa chose, après l'expiration du bail, sous prétexte que ce dernier est devenu l'héritier d'un créancier du bailleur.

MM. Aubry et Rau, après avoir suivi longtemps le système auquel nous nous sommes rangés, y ont, dans leur 4e édition, introduit une modification qui en restreint notablement l'étendue. (III, § 256 bis, texte et note 5) ; ils exigent que la détention se rattache à une convention ou tout au moins à un quasi-contrat, disant que « lorsque cette condition fait défaut, l'ana- » logie avec les cas prévus par la loi n'existe plus, et » l'induction n'a plus de base légitime... L'extension » du droit de rétention ne se justifie que par cette con- » sidération : que les contrats doivent être exécutés » de bonne foi (art. 1134, § 3). Celui qui réclame » l'exécution d'une convention, ne peut le faire qu'à » condition de remplir les obligations qu'il a contrac-

» trées ou qui sont nées à l'occasion de la convention » ou du quasi contrat... ».

Malgré l'autorité de nos deux savants maîtres, nous ne saurions accepter la restriction qu'ils proposent. Pour qu'elle fût justifiée, il faudrait admettre que la rétention a changé de caractère dans notre Droit, et que les rédacteurs du Code ont condamné l'application générale qui en était faite en Droit Romain et dans notre ancienne jurisprudence ; or, rien ne prouve qu'il en soit ainsi. Dès là qu'il existe, entre deux personnes, des obligations réciproques, se rattachant à un même objet, l'équité veut que celle des deux parties qui refuse d'accomplir ce à quoi elle est tenue, ne puisse pas contraindre l'autre à exécuter ses obligations ; c'est l'application de ce principe, universellement reconnu, que nul ne doit s'enrichir au dépens d'autrui. Que les obligations des parties naissent d'une convention, d'un quasi-contrat ou d'un simple fait, peu importe ; la règle est générale et ne comporte pas d'exceptions. Aussi, refuser, dans le dernier cas, le droit de rétention, c'est créer une distinction inique, qui n'est écrite nulle part, et que repousse énergiquement le principe générateur de ce droit.

Les trois conditions que nous avons présentées comme étant indispensables pour que l'on puisse accorder le droit de rétention, sont-elles les seules ? Ne faut-il pas, en outre, que la créance du rétenteur soit liquide ? La négative n'est pas douteuse; nous ne trouvons rien, dans la loi, qui puisse servir de fondement à une telle exigence. (En ce sens, Toullier, n° 150), Duranton, n° 382; Dalloz, v° Rétent., n° 51 et suiv.)

Il existe, cependant, un arrêt de la Cour d'Agen (19 janv. 1842), qui décide que l'acquéreur d'une hérédité, dont la vente générale, faite par un héritier apparent, a été annulée, n'est pas recevable à retenir les biens de l'hérédité jusqu'au remboursement des sommes qu'il a payées à sa décharge, parce que la prétention de l'héritier apparent donne lieu à une liquidation qui retarderait la mise en possession de l'héritier légitime. (Dall. v° Succession, n° 572). Mais cette solution a été vivement critiquée par les auteurs, et à bon droit, comme contraire aux anciens principes dont la tradition a été suivie par les législateurs modernes.

Néanmoins, il faut prendre garde, aussi, de tomber dans l'excès contraire, car il serait injuste que le rétenteur, en retardant à dessein la liquidation de sa créance, ne privât le débiteur de la jouissance de sa chose, au-delà du temps qui lui est nécessaire pour se libérer. Nous avons vu que, pour remédier à cet inconvénient, plusieurs monuments de notre ancienne jurisprudence décidaient que le créancier ne pourrait plus se prévaloir de la rétention passé un certain délai, imposé soit par la loi, soit par le juge. C'était là une sage disposition, qui conciliait tous les intérêts; aussi croyons-nous qu'elle doit encore être suivie, au moins dans une certaine mesure, et, qu'en conséquence, il est parfaitement loisible aux tribunaux, saisis de la difficulté, de fixer au rétenteur un délai suffisant pour la liquidation de ses droits ; toute crainte de fraude se trouve écartée. Il a été jugé, dans ce sens, que le fermier auquel a été accordé, contre la demande du propriétaire, le droit de retenir le fond affermé jusqu'au paiement de ses impenses et améliorations, perd ce droit de rétention, faute d'avoir fait liquider sa créance dans le délai prescrit (Trèves, 29 août 1807. Dall. v° Rétent. n° 53).

Il nous resterait une dernière question à examiner, celle de savoir si le droit de rétention est opposable aux tiers en l'absence des formalités que la loi établit pour rendre publics les priviléges et hypothèques. Mais nous la laisserons de côté pour le moment ; sa place est marquée dans le chapitre où nous traiterons des droits du rétenteur vis-à-vis des autres créanciers du propriétaire de la chose retenue.

CHAPITRE IV

CHOSES SUR LESQUELLES ON PEUT EXERCER LE DROIT DE RÉTENTION

Toutes les choses qui sont susceptibles d'être aliénées peuvent être l'objet du droit de rétention. Il faut excepter, cependant, les choses incorporelles, telles qu'une créance, un droit d'usufruit, d'emphythéose, etc. (Glasson, p. 70 ; Dall. v° Rétent. n°ˢ 54 et 61), par cette raison que la rétention suppose une détention matérielle, ce qui n'est point possible dans l'espèce. La question ne présente, d'ailleurs, aucun intérêt pratique, car la rétention s'exercera et sur les objets auxquels s'appliquent les droits ou les créances dont il s'agit, et sur les titres qui les constatent.

Il n'y a pas à distinguer entre les meubles et les immeubles ; le droit de rétention peut porter sur les uns comme sur les autres (Merlin, v° Priv. de créance, sect. 4, § 5, n° 1 ; Battur, Priv. et hyp., n° 95).

Nous avons dit que les choses susceptibles d'être aliénées pouvaient seules faire l'objet du droit de rétention ; il s'ensuit qu'on devra le refuser toutes les fois qu'il porterait sur des choses insaisissables, car la loi soustrait implicitement au gage des créanciers les objets auxquels elle attribue cette qualité. Nous appliquerons notamment cette règle aux choses qui présentent un caractère alimentaire. (Rauter, *Rev. Etrang.* 1841, p. 774; Glasson, p. 71). « La conservation de la vie, a-t-» on dit, est un droit naturel fort supérieur à celui de » la rétention, et l'on ne saurait hésiter entre eux » (Dall. v° Rétent, n° 57).

Toutes les choses inaliénables, qu'elles soient frappées d'une inaliénabilité absolue ou simplement relative, sont incompatibles avec le droit de rétention. Nous citerons, par exemple :

1° Les biens du Domaine public.

2° Les biens composant un majorat. Ils sont, en effet,

inaliénables, imprescriptibles, insaisissables (Décr. du 1er mars 1808, art. 40-47), et ne peuvent être hypothéqués.

3° Les soldes de retraite, les traitements de réforme, les pensions de la Légion-d'Honneur, et, en général, toutes les pensions payées par l'Etat, sauf l'exception suivante : La femme d'un pensionnaire de l'Etat, envers laquelle son mari ne remplit pas les obligations que lui impose l'art. 214, C. Civ., peut faire retenir administrativement et même faire saisir le tiers de la pension militaire ou civile de ce dernier. (Avis du Cons. d'Etat des 22 déc. 1807 et 11 janv. 1808 ; loi du 11 avril 1831, art. 28 ; loi du 18 avril 1831, art. 30 ; loi du 19 mai 1834, art. 20 ; loi du 9 juin 1853, art. 26 ; Aub. et Rau, IV, § 471, note 15).

4° Les droits d'usage et d'habitation, ou, plus exactement, les choses qui y sont soumises. Ces droits, en effet, ne peuvent être ni cédés, ni loués (art. 631 et 634, C. Civ.), et la rétention pourrait permettre d'arriver indirectement à ce résultat. De plus, l'usage et l'habitation ont un caractère alimentaire. (art. 630, 633 C. Civ.).

5° Les immeubles dotaux. La jurisprudence est unanime à décider qu'en cas d'annulation de la vente d'un immeuble dotal, par application du principe d'inaliénabilité posé dans l'art. 1554, C. Civ., l'acquéreur ne peut pas le retenir jusqu'au remboursement, par la femme ou ses héritiers, des sommes qu'il a payées, par suite d'une délégation du prix, aux créanciers ayant hypothèque inscrite sur l'immeuble (Limoges, 21 août 1839. D. P. 40, 2, 192; Caen, 29 mars 1841, id. 41, 2, 253 ; Nîmes, 16 déc. 1841, id. 42, 2, 322). On lui refuse également la rétention pour obtenir le remboursement des sommes que la femme a reçues de lui en paiement du prix de vente(Cass. 31 janv. 1837, D. P. 37, 1, 190), ou des dépenses qu'il a faites sur le fonds (Toulouse, 22 déc. 1834, D. P. 35, 2, 196).

On a cependant soutenu que l'acquéreur devait avoir la rétention pour le paiement des dettes qui grevaient l'immeuble vendu, au cas où il les aurait acquittées, ainsi que pour l'indemnité résultant de ses avances et améliorations (Toullier, XIV, 234 ; Rodière et Pont, II, 589; Agen, 10 juillet 1833, D.P. 34, 2, 535). Mais cette distinction nous semble purement arbitraire, car « l'exercice du droit de rétention est inconciliable, « dans tous les cas, avec la destination spéciale de la « dot et la fin en vue de laquelle l'action en nullité est « donnée. » (Aubry et Rau. IV, § 537, texte et note 32, V. en ce sens Odier, du Cont de Mar. III, 1355 ; Troplong, id. IV, 3533 et 3555 ; Cass. 31 janv. 1837. Sir. 37, 1, 190 ; Limoges, 10 fév. 1844, id. 45, 2, 28, Cass. 3 avril 1845, id. 45, 1, 423. ; Cass. 4 juil. 1849, id. 50, 1, 283.).

Le parlement de Bordeaux avait admis, conformément à la doctrine romaine, que les enfants pouvaient, à leur majorité, retenir la dot de leur mère tutrice, jusqu'à l'apurement de leur compte de tutelle. Cette solution a été rejetée, avec raison, par un arrêt de la

Cour de Cassation, du 29 août 1820 (Sir. 20, 1, 387), qui a refusé le droit de rétention, même dans le cas où la tutelle avait pris naissance avant le Code et dans un pays où la rétention de dot était admise ou du moins faisait l'objet de controverses.

Ici se présente une question importante et qui a donné lieu à plusieurs systèmes : La règle que les immeubles dotaux ne sont pas susceptibles de rétention doit-elle fléchir en faveur du mari qui a fait des impenses sur le fonds dotal ? Trois opinions ont été présentées :

Premier système : Le mari n'a jamais le droit de retenir l'immeuble dotal, pas même pour assurer le remboursement de ses dépenses nécessaires (Odier, III, 1432; Dalloz, v° Rétent, n° 59).

Ce système s'appuie sur cette considération que l'art. 1558, C. Civ., ne permet l'aliénation (partielle) de l'immeuble dotal, même pour faire de grosses réparations indispensables à sa conservation, qu'à la condition que cette aliénation sera autorisée par justice et aura lieu aux enchères, après trois affiches. Or, ce serait violer cette disposition que de permettre au mari de se refuser à la restitution de l'immeuble dotal, de son autorité privée, sous prétexte de réparations qui n'ont point été régulièrement appréciées par le tribunal ; son droit de rétention serait contraire à la pensée de la loi, qui a voulu, qu'en dehors des exceptions qu'elle a formellement établies, la dot se conservât libre de tout engagement.

Cette opinion, qui d'ailleurs est consacrée par la jurisprudence, nous paraît devoir être adoptée.

Deuxième système : Le droit de rétention existe au profit du mari sur l'immeuble dotal, pour garantir ses impenses nécessaires, ou simplement utiles. (Benoît, II, 245 ; Sérizat, n°s 214 et 236 ; Rodière et Pont, II, 618 et 629).

Les partisans de ce système invoquent deux arguments. Le premier, c'est que si le mari ne trouvait, dans le droit de rétention, la certitude d'être remboursé de ses dépenses, il négligerait toute amélioration du fonds dotal, ce qui ne serait pas moins contraire à l'intérêt de la famille qu'à l'intérêt général. On peut répondre à cela, d'une part, que le mari n'est point un étranger, et qu'il est intéressé à voir s'améliorer le patrimoine de ses enfants ; d'autre part, qu'il jouit toujours d'une action pour répéter ses dépenses.

Le second argument consiste à dire qu'en refusant au mari le droit de rétention, on favorise les donations indirectes entre époux. Nous répondrons, avec M. Dalloz, « que cette considération est plus philoso-
» phique que juridique, et qu'elle n'a point empêché
» les rédacteurs du Code de consacrer le principe de
» l'inaliénabilité de la dot, sauf les cas formellement
» exceptés. D'ailleurs, les donations entre époux ne
» sont nullement prohibées (art. 1096), et pourvu
» qu'elles ne dépassent pas la quotité disponible, il
» n'y a aucun inconvénient à les autoriser directement
» (art. 1099). Si elles l'excèdent, la réduction en sera

» prononcée; mais ce n'est qu'après le décès du mari » que la question peut être jugée, et jusque-là, il ne » saurait être autorisé à retenir ce qu'il a donné indi- » rectement. » (V° Rétent. n° 60.)

Troisième système : Il faut distinguer entre les impenses nécessaires et les impenses utiles ; le mari a le droit de rétention pour répéter les premières, il ne l'a plus pour les secondes. (Aubry et Rau, IV, § 540, passim, et note 25 ; Troplong, IV, 3640 ; Toullier, XIV, 326 et 327 ; Glasson, p. 146).

Ce système se fonde sur la distinction de l'art. 1558, qui permet l'aliénation de l'immeuble dotal pour les impenses nécessaires et la prohibe pour les impenses utiles. On doit le rejeter, aussi bien que le précédent, car nous avons montré, en exposant la première opinion, qu'il y avait une grande différence entre le droit de rétention à accorder au mari et l'aliénation exceptionnelle autorisée par l'art. 1558.

Constatons, en terminant ce chapitre, que, sous l'empire de notre législation, le droit de rétention ne peut plus être exercé sur les personnes. C'est ainsi qu'il a été décidé qu'un enfant ne peut être retenu par un chef d'institution pour assurer le paiement de sa pension. (*Gazette des Trib.*, janv. 1840). « Dans l'état actuel de « nos mœurs, dit Dalloz, une pareille solution serait con- « sidérée comme un outrage à l'humanité et à la rai- « son. » D'ailleurs, celui qui voudrait exercer ce droit vis-à-vis de son semblable, tomberait sous le coup de l'art. 341 C. Pénal, aux termes duquel, « seront

» punis de la peine des travaux forcés à temps, ceux
» qui, sans ordre des autorités constituées, et hors les
» cas où la loi ordonne de saisir les prévenus, auront
» arrêté, détenu ou séquestré des personnes quelcon-
» ques. »

L'ancien Droit, s'appuyant sur le Droit Romain (L. 43, *in fine, de legibus;* L. 3, § 3, *de hom. lib. exhib.* Dig. L. 2, 11, 13, 15, 17, *de postl. revers. Cod.)*, admettait qu'un geolier pouvait retenir son prisonnier pour le contraindre à payer sa pension (Guy-Pape, décis. et quest. 448 ; Papon, Arr. liv. 17, tit. 8 ; arrêt du parlement de Paris, 15 avril 1594, contraire à l'édit d'août 1550).

On pourrait peut-être, cependant, retrouver un dernier vestige de cette manière d'agir dans une institution qui a figuré dans notre droit jusqu'à ces derniers temps, nous voulons parler de la contrainte par corps, abolie, en matière civile et de commerce (L. 22 juillet 1867), et qui n'était autre chose, en réalité, que la détention d'un débiteur dans le but de le forcer à se libérer. Mais l'exercice du droit de contrainte par corps était assujetti à certaines conditions et formalités, qui faisaient qu'on ne pouvait l'assimiler au droit de rétention, tel que nous l'entendons. (V. ord. de 1560, de 1566 et de 1667 ; L. 30 mars 1793 ; L. 24 ventôse an V ; 15 Germinal an VI ; Loi du 17 avril 1832.)

CHAPITRE V

SECTION I

DROITS ET OBLIGATIONS DU RÉTENTEUR.

I. Droits. — Au premier rang des droits que la rétention confère au créancier qui en est investi, se place la faculté de conserver la possession de la chose et d'en refuser la restitution tant que le débiteur ne se sera pas entièrement libéré. Remarquons que ce droit ne garantit pas seulement la créance pour laquelle il a été primitivement opposé, mais qu'il assure également le paiement des sommes que le créancier aura encore déboursées, par la suite, pour la conservation ou l'amélioration de la chose retenue.

Doit-on accorder au rétenteur le droit de faire vendre la chose qu'il détient ? L'affirmative n'est pas douteuse. Mais faut-il aller plus loin et dire qu'il aura le droit de se désintéresser sur le prix de la vente ainsi opérée, par préférence aux autres créanciers ? Non, assurément ; le droit de rétention, à la différence du gage, ne renferme point de privilége au profit du créancier; s'il peut recourir à l'expropriation, ce n'est qu'en qualité de chirographaire ; il se trouve placé, à ce point de vue, dans la même situation que ses co-créanciers, et il devra subir leur concours. En provoquant la vente dela chose qu'il détient, il s'engage, par le fait, à la délivrer à l'acquéreur, et l'on est autorisé à conclure qu'il renonce à se prévaloir de la garantie qui faisait sa sûreté.

Faut-il admettre la même solution au cas où l'expropriation est poursuivie par les co-créanciers du rétenteur, et décider qu'il ne jouit d'aucun droit de préférence sur le prix de la chose ? Nous avons déjà eu l'occasion d'examiner cette question (V. le chapitre III), et nous l'avons résolue négativement ; il résulte clairement, en effet, du rapprochement des art. 2093 et 2094, que la loi ne reconnait d'autres causes de préférence que les priviléges et les hypothèques. Mais il ne faut pas oublier cependant que le rétenteur ayant le droit de se refuser à la restitution de la chose, tant qu'on ne le désintéresse pas intégralement, l'exercice de cette faculté arrive à créer indirectement, à son profit, une sorte de cause de préférence.

Nous avons vu précédemment que la rétention engendrait, dans notre ancienne jurisprudence, un véritable droit de suite. Le créancier qui avait consenti à restituer la chose retenue, sans exciper de son droit de rétention, avait une action pour se faire remettre en possession. (V. Guy-Coquille, sur la Cout. de Paris, §1, Glos. 5, v° le Fief.). Aujourd'hui il n'en est plus ainsi, et tous les auteurs s'accordent à reconnaître que le rétenteur, qui a volontairement abandonné la possession, est déchu de son droit ; ce point ne présente donc aucune difficulté.

Mais *quid* au cas où la dépossession résulte d'un fait indépendant de la volonté du rétenteur? Pourra-t-il ressaisir la détention, condition *sine quâ non* de la rétention? Distinguons : s'il s'agit d'un immeuble et que le rétenteur en ait été violemment expulsé, d'après la jurisprudence de la Cour de Cassation et un grand nombre d'auteurs, qui accordent à tout détenteur, dépouillé violemment, l'action en réintégrande, on devra autoriser le rétenteur à recourir à ce moyen pour se faire remettre en possession : « La loi veut, dit-on, que toute voie de fait reçoive une répression immédiate : *spoliatus ante omnia restituendus.* » Cette solution nous paraît inadmissible en présence des termes formels de l'art. 23 C. Pr., lequel n'accorde l'exercice des actions possessoires qu'à ceux « qui depuis un an au moins étaient en possession paisible par eux ou les leurs, *à titre non précaire.* » Or, il est certain qu'alors même que la première condition, la possession annale, se trouverait remplie, celle qui a trait à la précarité ne le sera jamais, car, en admettant que la possession originaire du rétenteur ne fût point précaire, elle le deviendra forcément du moment où il aura opposé la rétention à son débiteur, puisqu'en agissant ainsi il reconnaît n'avoir aucune prétention à la propriété de la chose retenue.

Par conséquent, dans notre opinion, le rétenteur d'un immeuble n'aura d'autre ressource, au cas d'expulsion violente, que de poursuivre le spoliateur, conformément aux lois pénales, comme auteur d'une violence, et de le faire condamner, d'autre part, à des dommages-intérêts, par application de l'art. 1382 C. Civ., (En ce sens, Boitard 1, p. 636).

Quand il ne s'agit que d'un simple trouble apporté à la possession, la jurisprudence et les auteurs sont unanimes à décider que l'action en complainte n'est accordée qu'autant que toutes les conditions de l'art. 23, C. Pr. sont remplies.

En matière mobilière, la situation du rétenteur est beaucoup plus favorable ; tout le monde convient, en effet, que l'action en revendication de l'art. 2279 appartient aussi bien au simple détenteur qu'au propriétaire. Cet article est conçu en termes généraux ; il ne dit point « le propriétaire qui a perdu, etc.», mais bien « *celui* qui, etc. », et cette rédaction indique clairement la pensée du législateur. Ajoutez à cela qu'en Droit romain on donnait l'action *furti* au possesseur de bonne foi et même au détenteur auquel la chose avait été soustraite ; la doctrine que nous soutenons n'est donc pas nouvelle.

Nous trouvons, d'ailleurs, une application de notre principe dans l'art. 2102, 1°, qui permet au locateur de revendiquer les meubles garnissant la maison ou la ferme, lorsqu'ils ont été déplacés sans son consentement.

Remarquons que, dans ce cas particulier, le délai de l'action en revendication, n'est que de quinze ou de quarante jours (suivant qu'il s'agit d'une maison ou d'une ferme), tandis que, dans l'hypothèse de la rétention, le créancier dépouillé pourra exercer son action pendant trois ans, conformément à la disposition de l'art. 2279.

Nous avons dit que le rétenteur qui a volontairement perdu la possession ou la détention, est déchu de son droit et ne peut plus recouvrer la chose. L'art. 2102, 4° établit une exception remarquable à notre règle : Le vendeur d'effets mobiliers peut, nonobstant la livraison qu'il en a faite à l'acheteur, les revendiquer dans le délai de huitaine, lorsque la vente a été faite sans terme et que les objets vendus sont encore aux mains de l'acheteur, dans le même état qu'au jour de la livraison; rentré en possession par cette voie, le vendeur pourra conserver ces objets jusqu'à ce qu'il n'en ait reçu le prix.

MM. Duranton (XVI, 204 et 380, XIX, 120) et Bravard (sur l'art. 576 Code Comm.) ont prétendu que l'action accordée au vendeur par l'art. 2102 4° n'était autre chose que l'action en résolution exercée à l'encontre des créanciers de l'acheteur. Ce système est inacceptable, car il arrive à cette conclusion que le législateur, dans le même moment où il s'occupait de sauvegarder les intérêts du vendeur, en créant un privilége à son profit contre les autres créanciers de l'acheteur, a voulu aussi édicter en faveur de ces derniers une disposition qui dérogeât à l'art. 1654 du Code Civil. Or, nous ne croirons jamais que la revendication de l'art. 2102 4°, qui figure dans ce texte comme un accessoire du privilége du vendeur, ait été introduite pour lui enlever le bénéfice du droit commun.

Il est beaucoup plus logique de voir, comme nous l'avons fait, dans l'action établie par l'art. 2102 4°, une revendication de la possession des objets vendus.

Cette solution s'appuie sur cette double considération, que, d'une part, le mot « revendiquer, » « revendication, » étant employé deux fois dans le même art. 2102, et cela dans deux hypothèses où le créancier a le droit de retenir, pour la sûreté de sa créance, la chose actuellement aux mains de son débiteur, il est naturel de supposer que la revendication du n° 4 est de même nature que celle du n° 1 ; d'autre part, qu'elle reproduit la théorie de l'ancien droit, avec cette seule différence que, sous l'empire des Coutumes de Paris et d'Orléans, le vendeur revendiquait en qualité de propriétaire, tandis qu'aujourd'hui la simple détention suffit pour servir de base à son action (art. 2279). (V. Dumoulin, t. II, p. 696 sur la Cout. de Paris, art. 194.)

Remarquons, en terminant, que, malgré l'art. 550 C. Com., d'après lequel la revendication de l'art. 2102 4° C. Civ. n'est point admise en matière de faillite, l'art. 576 C. Com., renferme une disposition qui présente beaucoup d'analogie avec celle de l'art. 2102 4°; la voici : « pourront être revendiquées les marchandises expédiées au failli, tant que la tradition n'en » aura point été effectuée dans ses magasins ou dans » ceux du commissionnaire chargé de les vendre pour » le compte du failli. » Cette revendication diffère de celle que nous avons étudiée plus haut, sous deux rapports principaux. Le premier, c'est qu'elle ne peut être exercée que pendant que les marchandises sont en cours d'expédition, et qu'elle n'est plus recevable dès que l'acheteur, ou le commissionnaire qui agit pour lui, a pris livraison; le second, c'est que la loi n'a imparti aucun délai à son exercice, et qu'elle peut être intentée aussi bien quand la vente est au comptant que quand elle est à terme.

Quelques auteurs, notamment Frèmery (Etudes sur le droit commercial, p. 396 et suiv.), ont entendu la disposition de l'art. 576 C. Com. dans le sens d'une résolution de la vente, accomplie de plein droit. D'autres (Alauzet, Dr. commerc. n°s 1903 et 1904 § 1) ont été moins loin, disant seulement que la revendication de l'art. 576 ne peut s'exercer qu'après que la résolution de la vente a été prononcée. Ces deux systèmes sont aussi faux l'un que l'autre; il est vraisemblable, ainsi que le fait observer M. Cabrye, p. 148 à la note), que leurs auteurs sont partis de cette idée que pour revendiquer il faut être propriétaire, et que, par suite, pour que le vendeur pût exercer cette action, il fallait que la vente fût mise à néant. Nous avons démontré que la revendication n'était point l'apanage exclusif des propriétaires, par conséquent nous ne reviendrons pas sur cette question.

La rétention confère-t-elle au créancier le droit de se servir de la chose qu'il détient? Il faut, sans hésiter, adopter la négative; il résulte, en effet, de l'article 2079 C. Civ. que le le gage n'est, dans la main du créancier, qu'un dépôt assurant son privilége; d'autre part, l'art. 1930 décide que le dépositaire « ne » peut se servir de la chose déposée sans la permission » expresse ou présumée du déposant. » Il suit de là que l'on doit refuser au créancier gagiste l'usage de la chose engagée ; M. Gary l'a déclaré formellement lors de la discussion du titre du gage. Que conclure de ce fait, sinon que la rétention, garantie bien moins étendue que le gage, ne peut engendrer un droit d'usage que le gage lui-même est impuissant à créer en l'absence de stipulations particulières à cet égard.

Quid des fruits produits par la chose retenue ? Puisque nous avons refusé au créancier le droit de se servir de la chose, il est évident que nous devons également lui refuser le droit de s'approprier les fruits, car ce qui est vrai du tout l'est aussi de ses fractions. Mais ici, encore, les parties peuvent déroger à la règle, en accordant au rétenteur le droit de faire les fruits siens à charge de les imputer sur les intérêts de sa créance, si elle en est productive, ou, dans l'hypothèse contraire, sur le capital ; si la chose retenue est un immeuble, on retombe alors dans le cas de l'antichrèse, dont les règles doivent être appliquées ; si la chose est mobilière, il faudra, encore, tenir compte de ce principe, admis en matière d'antichrèse, à savoir que toute clause qui donnerait au rétenteur le droit de percevoir, à titre d'intérêts, des fruits dont le quantum serait supérieur au montant des intérêts, calculés au taux légal, devrait être annulée comme usuraire.

Nous déciderons, par application des art. 1244 et 1247 C. Civ., que le débiteur ne peut pas forcer le créancier à faire les fruits siens et à les imputer sur les intérêts ou le capital de sa créance, car ce serait l'obliger à recevoir, d'une part, un paiement partiel, d'autre part, une chose autre que celle qui lui est due.

Réciproquement, nous dirons que le créancier ne peut pas s'approprier les fruits, en déduction de sa créance, malgré la volonté contraire du débiteur. En effet, à Rome (L. 13, *de pign. et hyp.* D., L. 3, *in quib. caus. pign. C.*), et dans notre acienne jurisprudence (V. Guy du Rousseaud de la Combe, jurispr. civ. v° Gage, n° 6), il était admis que les fruits du gage en faisaient partie. Rien dans le Code n'indique que le législateur ait rejeté cette idée (V. Troplong, Nantis. n° 84), et ce qui est vrai du gage doit l'être aussi de la rétention. Les fruits de la chose retenue, après comme avant leur séparation, se trouvent entre les mains du créancier au même titre que la chose qui les a produits; il est donc juste de les soumettre aux mêmes règles. Or, le droit du créancier, quant à la chose principale, n'étant que d'en conserver la détention jusqu'au paiement de ce qui lui est dû, il s'ensuit que c'est le seul droit que l'on doive lui accorder sur les fruits.

Mais, tout en refusant au rétenteur le droit de s'approprier les fruits et d'en opérer l'imputation sur sa créance, nous croyons qu'il faut lui accorder le droit de les vendre, lorsque leur destination est d'être vendus ou qu'ils ne sont pas susceptibles d'être conservés sans détérioration. Dans ce cas, le rétenteur en devra compte au propriétaire suivant les prix constatés par les mercuriales du marché le plus voisin, ou, à défaut de mercuriales, déterminés par experts (art. 129 Code Proc., Arg. d'analog.). Il retiendra les sommes provenant de l'aliénation des fruits, comme il retiendrait le prix du bail que doit verser entre ses mains le fermier ou locataire de l'immeuble retenu (en ce sens trib. de Vannes 21 mars 1872), sans avoir le droit de se les approprier en déduction de sa créance. On peut le comparer à un dépositaire de sommes d'argent, avec cette différence que le dépositaire doit rendre l'argent déposé dès que le déposant l'exige, tandis que le rétenteur peut conserver l'argent du débiteur jusqu'à ce que ce dernier ne le désintéresse, soit avec la somme retenue, soit avec d'autres espèces. Il est probable, d'ailleurs, que le débiteur s'empressera de permettre au rétenteur d'opérer l'imputation, et de hâter ainsi le moment où il pourra rentrer en possession de sa chose.

Ceux qui soutiennent que le rétenteur peut imputer, même contre le gré du débiteur, mettent en avant trois arguments principaux. Ils invoquent, d'abord, l'autorité du droit romain, qui permettait, suivant eux, au créancier gagiste, d'imputer les fruits du gage sur sa créance. (L. 1, 2, 3, *de pign. act.*, L. 1, *de dist. pign.* Cod.). Nous savons ce qu'il faut penser de cette doctrine (V. première partie, chap. IV), et nous ne reviendrons pas sur ce point.

Ils prétendent, en second lieu, que rien ne serait moins judicieux que de refuser au créancier le droit d'imputer les fruits, car on le placerait alors dans l'alternative de les laisser périr, ce qui serait contraire à l'intérêt commun, ou de les livrer au débiteur, ce qui serait une atteinte portée au droit de rétention. Mais notre réponse a précédé l'objection, puisque nous avons accordé au créancier le droit de vendre les fruits, dès lors l'inconvénient signalé n'existe pas.

Le dernier argument se tire de l'art. 2081 C. Civ., aux termes duquel le créancier qui a reçu en gage une créance productive d'intérêts, est autorisé à imputer ces intérêts sur ceux qui peuvent lui être dus, et subsidiairement sur le capital de sa propre créance. Mais cette disposition est exceptionnelle et ne saurait être étendue, par analogie, à l'espèce dans laquelle nous raisonnons. Nous en trouvons la preuve dans les art. 2085 et 2089 C. Civ., desquels il résulte que lorsqu'un immeuble est remis en nantissement par le débiteur à son créancier, celui-ci n'acquiert le droit d'imputer les fruits sur sa créance qu'autant qu'il y a eu stipulation formelle à cet égard. Or, c'est dans cette décision, bien plutôt que dans celle de l'art. 2081, qu'il faut chercher la solution de la question qui nous occupe.

Nous avons dit, dans un précédent chapitre (V. ch. II), que le rétenteur pouvait transmettre son droit à un tiers. A quelles conditions cette cession peut-elle s'opérer ? Le caractère de droit accessoire, que nous avons reconnu au droit de rétention, nous dicte votre réponse. Le droit de rétention ne peut être transmis indépendamment de la créance qu'il garantit. Il est de principe, en effet, qu'un droit accessoire ne saurait vivre séparé du droit principal qu'il a pour but de consolider. Si la loi du 23 mars 1855, art. 9, autorise implicitement la cession de l'hypothèque légale de la femme mariée, c'est là une disposition exceptionnelle et peu logique qu'on ne peut généraliser. Ajoutons que si l'on reportait le droit de rétention sur une créance autre que celle pour laquelle il est né, la connexité disparaissant, la rétention ne saurait être invoquée. Donc, le créancier qui voudra transmettre à un tiers son droit de rétention, devra préalablement accomplir les formalités prescrites par les art. 1690 et 1691 C. Civ., en matière de cession de créance. Il va de soi que la tradition de la chose retenue au cessionnaire est indispensable.

Mais si le créancier ne peut pas transmettre son droit de rétention en conservant par devers lui la créance garantie, ne peut-il pas, du moins, céder l'exercice de son droit? Cette cession, qualifiée dans la pratique du nom de *sous-gage*, était autorisée par le Droit Romain (L. 40, § 2, *de pign. act.*, L. 13, § 2, *de pign.* D.; L. 1, *si pign. pignori*, Cod.), nous ne voyons pas pour quel motif on pourrait la prohiber. Le rétenteur ne perd pas la possession, car le sous-gagiste détient pour le compte de son co-contractant.

L'utilité du sous-gage est de permettre au créancier de se procurer du crédit, en affectant la chose retenue à la garantie de la dette dont il est lui-même tenu. Quels effets produit-il? Distinguons : Le sous-gagiste a le droit de conserver la chose tant qu'il n'est pas désintéressé par son débiteur ; mais ce sont là des rapports purement personnels, et, vis-à-vis des tiers, le sous-gage est comme non existant. Il n'y a qu'un seul droit réel de rétention, celui du premier créancier, lorsqu'il vient à s'éteindre, pour une cause quelconque, le sous-gagiste, quoique non payé, ne peut point se refuser à restituer la chose au propriétaire, car le cédant n'a pu lui transmettre plus de droits qu'il n'en avait lui-même. Remarquons cependant que dans l'hypothèse particulière où la chose remise au sous-gagiste est un meuble, celui-ci, lorsqu'il a cru que son co-contractant en était propriétaire, a acquis sur elle un véritable droit réel de gage (art. 2279, C. Civ., en ce sens Troplong, nantis. n° 83).

Il nous resterait maintenant à examiner la question de savoir si le rétenteur peut passer, sur l'immeuble qu'il détient, un bail ou un renouvellement de bail obligatoire pour le propriétaire ; mais nous la laissons de côté pour le moment, car il nous sera plus facile de la résoudre lorsque nous aurons étudié les obligations du rétenteur.

II. — *Obligations.* — De cette circonstance que la rétention constitue un droit accessoire, il résulte qu'au cas où le créancier voudrait encore conserver la chose après le paiement de la dette, sa prétention serait dénuée de fondement. Par conséquent, il est tenu à restitution dès là qu'il a été intégralement désintéressé. Cette restitution doit comprendre tous les accessoires de la chose principale et notamment les fruits auxquels, dans notre opinion du moins, s'étendait aussi le droit de rétention.

Lorsque la chose vient à périr sans la faute du rétenteur, celui-ci se trouve dégagé de son obligation de restituer, à la condition, toutefois, de prouver que la perte ne lui est pas imputable, la preuve contraire étant, bien entendu, réservée au propriétaire. (Cassat. req. 3 déc. 1834, D., 35, 1, 61; Troplong, nantiss. n° 42).

Le créancier, détenant à titre précaire la chose de son débiteur, ce dernier pourra exercer contre lui et ses successeurs universels ou à titre universel l'action en revendication, qui, dans l'espèce, est imprescriptible. (Art. 2236, 2237, C. Civ.). *Quid* si la chose se trouve aux mains d'un successeur particulier du créancier, d'un acheteur par exemple? Il faut distinguer si elle est mobilière ou immobilière, et si l'acheteur l'a reçue de bonne ou de mauvaise foi. S'il s'agit d'un meuble, l'acheteur de bonne foi est protégé contre toute réclamation par l'art 2279 (V. *suprà*). S'il s'agit d'un immeuble, ce même acheteur en prescrira la propriété pleine et entière par dix à vingt ans (2265). Dans le cas, au contraire, où l'acquéreur du meuble ou de l'immeuble retenu est de mauvaise foi, la revendication pourra être utilement intentée contre lui pendant trente ans.

Le propriétaire peut encore recourir, pour obtenir la restitution de sa chose, à l'action personnelle née du contrat ou du quasi-contrat, lorsque telle est l'origine de la possession du créancier. Mais cette action n'est plus recevable après que la prescription libératoire de trente ans s'est accomplie, dégageant le créancier de son obligation de restituer la chose retenue; les trente ans courent du jour du paiement de la dette. (Art. 2257, analog., Cass. 24 août 1842, S. 42, 1, 860; Aubry et Rau, III, § 435).

L'obligation, imposée au rétenteur, de restituer la chose au propriétaire aussitôt que celui-ci l'a désintéressé, entraîne nécessairement cette conséquence: qu'il est tenu de la conserver et d'apporter à son entretien tous les soins d'un bon père de famille (Art. 1137 et 2080, argum.). « Sa position, dit Dalloz, n'est pas sans » analogie avec celle du gérant d'affaires, dont les art. » 1372, 1373, 1374 C. Civ. règlent les devoirs. En » conséquence, il est tenu, conformément à ces articles, » de faire les frais de culture et d'entretien nécessaires » pour maintenir la chose détenue dans le meilleur » état de production et de conservation » (Rép. Alph. v° Rétent., n° 72). Le rétenteur a donc intérêt à ce que l'immeuble soit exploité conformément à sa destination, et à ce qu'il soit procédé à toutes les réparations grosses ou d'entretien, nécessitées par les circonstances. S'il laisse l'immeuble en friche, s'il ne fait point recueillir les fruits ou s'il néglige les réparations, sa responsabilité est engagée, et il sera passible de dommages-intérêts qui viendront en déduction de sa créance.

Cette administration, à laquelle le rétenteur ne doit

ui ne peut se soustraire, comporte-t-elle le droit d'obliger le propriétaire en donnant à bail l'immeuble retenu ou en renouvelant le bail en cours d'exécution? Cette question ne laisse pas que d'être fort délicate; elle n'a pas été examinée par les auteurs, et nous n'avons trouvé, sur ce point, comme monument de jurisprudence, qu'un jugement du tribunal de Vannes, du 21 mars 1872, confirmé, sur appel, par un arrêt de la Cour de Rennes, du 23 août 1872 (Aff. Le Boulicaut contre Olivièro). Voici l'espèce sur laquelle il statue :

Une personne meurt, laissant trois héritiers, après avoir vendu à l'un d'eux un immeuble déjà affermé à un tiers. Un premier jugement prononce la résolution de cette vente, et ordonne, au profit de l'héritier acquéreur, la restitution du prix et des intérêts de ce prix; l'immeuble va donc retomber dans la succession pour être partagé comme les autres biens qui la composent; mais il se trouve que les co-héritiers de l'acheteur n'ont pas la somme nécessaire pour le désintéresser; en conséquence, ce dernier exerce son droit de rétention sur l'immeuble. Le bail courant étant près d'expirer, comment procéder? Le tribunal, saisi de la difficulté, rejette la demande en nomination d'un séquestre formée par le rétenteur, et décide que le mode de renouvellement du bail le plus avantageux, pour toutes les parties, est une adjudication en l'étude d'un notaire.

Cette solution est-elle bonne? Avant de répondre, il convient d'examiner si le tribunal a eu raison, en droits de ne point accorder au rétenteur le séquestre qu'il demandait. Mettons d'abord de côté un point qui ne saurait faire de doute : c'est que, même dans les cas prévus par la loi, la nomination d'un séquestre est chose purement facultative, les juges ne sont pas tenus de l'ordonner (Cass. rej. 28 avril 1813, S. 13, 1, 392 ; Merlin, répert. v° Séquestre, § 2, n° 1, p. 485 à la note; Duvergier, n° 538 ; Troplong n° 290). Mais, dans l'espèce, se trouvait-on dans un cas prévu par la loi ? Quand y a-t-il lieu de remettre un immeuble aux mains d'un séquestre? C'est, nous dit l'art. 1961 C. Civ., lorsque la *propriété* ou la *possession* est *litigieuse* entre deux ou plusieurs personnes. Or, dans l'hypothèse qui nous occupe, la propriété n'est point en question ; il est clair que la succession est redevenue propriétaire de l'immeuble dont la vente a été résolue par un jugement antérieur; quant à la possession, il n'y a pas davantage de litige ; le droit de rétention de l'acheteur, que ses cohéritiers ne sauraient contester, lui permet de conserver l'immeuble tant qu'il n'aura pas reçu le prix qu'il a payé. Le débat qui divise l'acheteur et ses cohéritiers porte seulement sur un *modus agendi ;* par conséquent, du moment que le litige ne concerne ni la propriété, ni la possession de l'immeuble, la demande d'un séquestre n'est point justifiée (V. Cass. rej. 28 avril 1813. S. 13, 1, 392 ; id. 27 avril 1825. S. 26, 1, 422 ; Toulouse 29 août 1827. S. 29, 2, 45 ; Troplong, n° 293; Duvergier, n° 536; Zachariæ, III, § 409, note 2). On a pourtant soutenu que les tribunaux pouvaient nommer un séquestre indépendamment de toute contestation sur la propriété ou la possession (V. en ce sens Bourges, 8 mars 1822. S. 22, 2, 96; Bordeaux 17 mai 1831. D. P. 31, 2, 126; Delvincourt, III, p. 436; Malleville sur l'art. 1961 ; Larombière, des Oblig. II, p. 189; Pont I, p. 560). Mais en supposant même que cette opinion doive être admise en principe (ce qui est fort discutable), il nous paraîtrait nécessaire d'y déroger dans l'espèce. La loi, en effet, autorise l'acheteur à retenir l'immeuble jusqu'à ce qu'il ait été remboursé; à cette faculté se joignent le droit et le devoir de l'exploiter (*v. suprà*). Or, le résultat immédiat de la mise au séquestre serait de rendre l'acheteur complètement étranger à la gestion de l'immeuble, puisqu'elle la transfèrerait à un tiers, responsable pour son propre compte. Il y aurait donc atteinte portée au droit de rétention, et le tribunal a bien jugé, dans l'intérêt même de l'acheteur, en repoussant sa demande de séquestre.

Nous n'en dirons pas autant de la seconde partie du jugement, celle qui ordonne l'adjudication du bail, par devant notaire; cette manière de procéder peut être l'objet de nombreuse critiques. Et, en effet, pour qui l'adjudicataire du bail va-t-il exploiter l'immeuble? Il nous semble que ce doit être pour le compte du rétenteur, car celui-ci ayant le droit, comme nous l'avons établi précédemment, de retenir les fruits du fonds, aussi bien que le fonds lui-même, ce serait porter atteinte à son droit que de faire verser le prix du bail à la succession ; tel est d'ailleurs l'avis du tribunal, qui décide que l'adjudicataire devra payer ses termes au rétenteur. L'adjudicataire n'est, en réalité, que le mandataire du rétenteur, c'est pour lui qu'il exploite. S'il en est ainsi, il est évident que le rétenteur doit être responsable de la gestion vis-à-vis de la succession. Mais, d'un autre côté, ce n'est pas lui qui a choisi l'adjudicataire, il ne le connaît pas ; celui-ci peut être un détestable fermier, et il est possible qu'il soit insolvable. Or, sur quel texte s'appuyer pour forcer le rétenteur à répondre des faits d'une personne qui lui a été imposée ? Nous n'en connaissons aucun. Si l'on décide alors que le rétenteur n'est point responsable de la gestion de l'adjudicataire, et que ce dernier doit directement compte à la succession, il faut nécessairement en conclure que c'est à elle qu'il doit payer le prix du bail et que, par suite, il n'aura aucune relation avec le rétenteur, lequel sera désormais complètement étranger à l'immeuble. Or, une pareille solution est inadmissible, car elle ne tendrait à rien moins qu'à faire du droit de rétention une lettre morte.

Ainsi, de quelque manière que l'on envisage la décision du tribunal, elle aboutit à une contradiction. Ce n'est pas tout, elle peut encore donner lieu, en pratique, à un résultat tellement bizarre, que l'on est bien forcé de reconnaître qu'elle est mauvaise. Rien ne s'oppose, en effet, á ce que les cohéritiers du retenteur se portent adjudicataires du nouveau bail; or, s'ils y réusissent le rétenteur se verra contraint de leur délivrer l'immeuble, et perdra ainsi le bénéfice de la rétention. Sans doute ce n'est point en qualité de copropriétaires que ses cohéritiers détiendront l'immeuble, mais il n'en est pas moins vrai qu'en fait la détention sera là où elle ne doit pas être.

En résumé, nous pensons que l'expédient proposé par le tribunal de Vannes ne répond pas d'une manière satisfaisante aux nécessités de la situation et qu'en conséquence il y a lieu de rechercher une autre solution.

Remarquons toutefois, avant d'aller plus loin, que la question posée aux juges n'était pas tout à fait celle que nous avons à résoudre, car il résulte des termes du jugement que le rétenteur se bornait simplement à réclamer la nomination d'un séquestre. Le dispositif ne contient, en effet, que le rejet de cette demande, nous n'y trouvons rien qui ait trait au droit de location pouvant appartenir au rétenteur; c'est donc que celui-ci n'a pas conclu sur ce point, car s'il en eût été autrement, le tribunal aurait tranché la question.

Ces réserves faites, nous prétendons que le rétenteur pouvait et devait soutenir qu'il avait le droit de donner l'immeuble à bail sans avoir besoin de consulter ses cohéritiers, et que le bail ainsi passé ou renouvelé, deviendrait obligatoire pour ceux-ci, sous les conditions posées dans les art. 1429 et 1430 C. Civ.

Cette solution découle naturellement des principes que nous avons précédemment établis. L'administration de l'immeuble, avons nous dit, appartient au rétenteur ; il doit y apporter tous ses soins. S'il gère mal, il est en faute, et lors de l'extinction de son droit, le propriétaire sera fondé à lui réclamer des dommages-intérêts. En un mot, sa position se rapproche beaucoup de celle d'un gérant d'affaires, à cela près que sa responsabilité est plus rigoureuse que celle du gérant, qui agit dans l'intérêt exclusif du maître. Or, personne ne conteste au gérant le droit d'affermer l'immeuble du maître, s'il ne veut pas l'exploiter lui-même ou si ses propres affaires ne lui en laissent pas le loisir, pourquoi donc se montrer plus difficile pour le rétenteur ? Si les faits du gérant n'obligent le maître qu'autant que la gestion a été utile, les intérêts du propriétaire ne sont pas moins sauvegardés, car s'il est obligé de subir un bail passé à de mauvaises conditions, il conserve son recours contre le rétenteur qui répond et de sa propre imprudence et des faits du fermier qu'il a choisi. En présence de cette responsabilité qui lui incombe, il est à présumer que le rétenteur se montrera circonspect, et qu'il ne voudra d'un fermier qu'autant que celui-ci offrira de solides garanties à tous les points de vue.

Au surplus, il est certain que la loi range les baux, qui n'excèdent pas neuf années, parmi les actes d'administration (art. 1428 et 1429 C. Civ. rapprochés). C'est par application de ce principe qu'on autorise le mari, simple administrateur des biens dotaux dont sa femme a conservé la propriété, à passer sur ces biens un bail de cette durée. Il n'existe aucun motif suffisant pour retrancher cette prérogative du pouvoir d'administration qui appartient au rétenteur.

A quelles fâcheuses conséquences n'arrive-t-on pas, si l'on refuse au rétenteur le droit d'obliger le propriétaire par un bail de neuf ans ! Le preneur, si tant est qu'il s'en trouve un, étant menacé, à chaque instant, de voir son bail résolu par suite de l'extinction du droit du rétenteur, épuisera le fonds en s'efforçant de lui faire produire beaucoup en peu de temps, ce qui sera fâcheux pour tout le monde. En présence d'une pareille situation et des risques qu'elle peut lui faire courir, le rétenteur, dans le cas où il lui sera impossible d'exploiter par lui-même, renoncera à louer l'immeuble, et comme, d'autre part, il ne peut le laisser en friche, sous peine de dommages-intérêts, il préférera l'abandonner au propriétaire.

On dira, peut-être, que ce résultat vaut encore mieux que d'obliger le propriétaire à subir un bail alors qu'il veut jouir lui-même de son immeuble. Nous répondrons à cela, qu'après tout, il ne dépend que de lui d'éteindre le droit de rétention en payant sa dette, et par suite d'empêcher la conclusion du bail. Il est en faute dès là qu'il ne s'acquitte pas envers le rétenteur. On ne doit donc pas lui permettre d'entraver le droit de ce dernier, dont la responsabilité, nous le répétons, sauvegarde ses intérêts d'une manière suffisante.

On pourrait peut-être soutenir que dans le cas où l'immeuble retenu est affermé, le rétenteur aura le droit d'imputer le prix du bail sur les intérêts de sa créance et subsidiairement sur le capital, par ce motif qu'il s'agit ici de fruits civils et que l'on peut appliquer par analogie l'art. 2081 C. Civ. Mais nous repoussons cette solution pour maintenir celle que nous avons donnée en matière de fruits naturels (V. *supra*), et nous décidons que le créancier n'a, sur le prix du bail, qu'un simple droit de rétention, car il serait peu logique de lui accorder sur un produit quelconque de la chose retenue un droit plus étendu que sur la chose même.

SECTION II

DROITS ET OBLIGATIONS DU PROPRIÉTAIRE DE LA CHOSE RETENUE.

I. — *Droits.* — Le débiteur peut contraindre le rétenteur à lui restituer sa chose après le paiement intégral de la dette. Nous pensons que l'art. 2082 C. Civ., qui autorise le débiteur à réclamer l'objet engagé, même avant le paiement de la dette, lorsque le créancier en abuse, est une disposition exceptionnelle, qui ne saurait être étendue, par analogie, à notre matière.

II. — *Obligations.* — Le débiteur est tenu de laisser sa chose entre les mains du rétenteur tant qu'il ne le désintéresse pas intégralement en principal et accessoires. (Req. rej., 3 juillet 1831 ; D., 32, 1, 1321 ;

Req. rej., 3 juillet 1834 ; D., 34, 1,371). Dans le cas particulier de l'art. 2082, C. Civ., le créancier gagiste a le droit de retenir l'objet engagé jusqu'au paiement de la dette née postérieurement à celle pour la sûreté de laquelle le gage a été donné (à la condition que la seconde dette soit devenue exigible avant la première) ; de telle sorte que le débiteur, qui a payé la la première dette, ne peut pas réclamer son gage tant qu'il n'acquitte pas la seconde.

Le débiteur est astreint à rembourser au créancier les dépenses nécessaires que celui-ci a faites sur la chose retenue, sans qu'il y ait lieu de distinguer si le résultat de ces dépenses existe encore au moment de la restitution ou s'il a été détruit par un cas fortuit ou de force majeure. Quant aux dépenses utiles, ce n'est point la totalité de la somme déboursée, mais seulement la plus value que le créancier est en droit d'exiger, et cette plus-value considérée au moment de la restitution ; si un cas fortuit l'a enlevée à cette époque, rien n'est dû.

Il peut se faire que la plus-value résultant des impenses utiles soit tellement considérable que le débiteur est hors d'état de la payer ; nous croyons que les tribunaux seraient fondés à trancher la difficulté en adoptant la solution proposée par Pothier (V. chap. II, sect. VI, 2e partie.) ; le propriétaire n'obtiendra restitution qu'à la condition de se constituer, envers le rétenteur, débiteur d'une rente dont les arrérages représentent l'augmentation de revenus produite par la plus-value. Pothier ajoutait que cette rente était garantie par un privilége sur l'immeuble amélioré, mais ceci ne peut plus être admis dans le système du Code, où les priviléges résultent de la loi seule et ne sont point susceptibles d'extension ; on pourra remplacer le privilége par un hypothèque que le propriétai e sera condamné à donner au rétenteur avant de rentrer en possession de son immeuble.

CHAPITRE VI

DROITS DU RÉTENTEUR EN CONFLIT AVEC CEUX DES AUTRES CRÉANCIERS.

Nous savons que le rétenteur l'emporte sur les créanciers chirographaires du débiteur (V. chap. II et chap. V, sect. I), mais comment les choses vont-elles se passer lorsque le rétenteur se trouve en concours avec des créanciers privilégiés ou hypothécaires ?

Mettons d'abord de côté un point qui n'est révoqué en doute par personne, c'est que dans l'hypothèse où le droit de rétention porte sur une chose mobilière, l'art. 2279, C. Civ. fournit au créancier qui en est investi, une arme qui lui permet de repousser les créanciers privilégiés ou hypothécaires. Cela résulte clairement, quant au droit de rétention accessoire du gage, des travaux préparatoires du Code Civil, et les motifs de cette décision s'appliquent tout aussi bien au droit de rétention principal.

« Peu importe, disait le tribun Gary, que la créance » du gagiste soit plus ou moins ancienne ; le droit sur » les meubles est attaché à leur possession, suivant » cette maxime, renouvelée par la législation actuelle, » que les meubles n'ont pas de suite par hypothèque. » M. Berlier n'était pas moins explicite : « Le créancier » saisi d'un gage, disait-il dans son exposé des motifs » du titre de nantissement, ne saurait craindre l'inter- » vention de personne, si ce n'est celle de tiers qui » prouveraient que le meuble donné en gage leur a été » dérobé ; hors cette exception et le cas de fraude, le » créancier muni du gage est préféré à tous autres, » même plus anciens que lui, parce que le meuble » était sorti de la possession du débiteur et que les » meubles n'ont pas de suite par hypothèque, principe » qui est devenu une maxime de notre Droit fran- » çais. »

Mais *quid* au cas où le débat s'engage entre le rétenteur d'un immeuble et un créancier ayant privilége ou hypothèque sur ledit immeuble ?

Prenons d'abord l'hypothèse d'un créancier privilégié. Le rang des priviléges se déterminant, non pas d'après leur date, mais d'après la qualité de la créance (art. 2095, 2096, C. Civ.), il en résulte qu'il n'y a pas lieu de distinguer entre les priviléges qui sont nés avant le droit de rétention et ceux qui sont nés postérieurement ; vis-à-vis du rétenteur, tous les créanciers privilégiés sont dans une situation égale. Or, la rétention et le privilége diffèrent essentiellement quant à à leur objet ; la première, en effet, porte sur la chose même, le second sur le prix de la chose. Il faut donc aller chercher la solution ailleurs que dans les règles établies par la loi pour le classement des causes de préférence ; c'est la nature même du droit de rétention qui nous la fournira : ce droit est réel, par suite il est général dans son effet, c'est-à-dire quant à la position qu'il procure au créancier qui en est investi, et celui-ci doit pouvoir l'opposer au créancier privilégié lui-même. (En ce sens, Mourlon, exam., crit., n° 221 ; Cabrye, p. 140, 141 ; Glasson, p. 105, 106 ; Tarrible, Rép., v° Privilége de créance, sect. 4, § 5, n° 1).

Nous déciderons également, par application du principe de la réalité du droit de rétention, que ce droit est opposable aux créanciers ayant hypothèque sur l'immeuble retenu. (En ce sens, Cabrye, loc. cit : Tarrible, loc. cit.). Cette solution a été critiquée (V. Glasson, p. 104), certains auteurs l'admettent dans le cas où l'hypothèque est née postérieurement au droit de rétention, mais la rejettent dans le cas contraire. Ils argumentent par analogie de l'art. 2091 du C. Civ., d'où il résulte que l'antichrèse n'est pas opposable aux créanciers qui, avant sa constitution, avaient déjà des droits hypothécaires sur l'immeuble : ce qui est vrai de l'antichrèse, disent-ils, doit l'être évidemment de tout autre droit de rétention grevant un immeuble, sans cela on tombe dans la contradiction.

Cet argument ne nous semble pas fondé, car l'analogie entre l'antichrèse et la simple rétention, n'est pas aussi grande qu'on veut bien le dire. L'antichrèse, en effet, émane de la volonté du débiteur, tandis que, dans l'espèce où nous raisonnons, le droit de rétention est exercé contre son gré. Or, si l'on comprend qu'il ne soit pas permis au débiteur de créer, au profit d'un de ses créanciers, un droit qui préjudicierait aux droits que d'autres ont conservés conformément à la loi, rien ne s'oppose à ce que ceux-ci subissent l'exercice du droit de rétention, lequel résulte d'un fait qu'il n'a pas été au pouvoir du débiteur d'empêcher, et que l'on pourrait, en quelque sorte, considérer comme un cas de force majeure. D'ailleurs, la loi ne subordonnant, comme nous le verrons, l'efficacité du droit de rétention à aucune condition de publicité, il est permis d'en conclure qu'elle le place au-dessus d'une question de dates et que sa réalité doit s'imposer à tous les créanciers sans distinction.

On nous objecte que notre système a l'inconvénient de permettre au débiteur d'entraver les droits de ses créanciers hypothécaires. Mais ceux-ci ne trouveront-ils pas toujours dans l'art. 1167, C. Civ. une protection suffisante contre les actes frauduleux de leur débiteur?

Du reste, nos adversaires tombent dans une contradiction choquante, car ils admettent que la rétention est opposable à tous les créanciers privilégiés, sans distinction de dates, et ils ne permettent pas qu'elle le soit aux créanciers ayant une hypothèque antérieure à la naissance du droit de rétention. Ainsi les créanciers privilégiés, d'après eux, se trouveraient, vis-à-vis du rétenteur, dans une position moins favorable que ces mêmes créanciers hypothécaires au-dessus desquels la loi les place ! Une pareille solution ne saurait être celle de la loi.

Ajoutons, enfin, que le système que nous demandons était celui du Droit Romain (L. 29 § 2, *de pign. et hyp.* D.), et qu'il avait prévalu dans l'ancien Droit Français (V. 2e part., chap. II, sect. IV) ; il est donc tout naturel de penser que le législateur moderne a entendu le conserver, l'exception faite pour l'antichrèse en est une preuve.

Ici se présente une question fort délicate : le droit de rétention fait-il obstacle au droit de saisie des autres créanciers ? Trois systèmes ont été proposés, nous allons les examiner.

Premier système. — Le droit de saisie est exclusif du droit de rétention. Cela résulte formellement de la disposition de l'art. 609, C. Proc., laquelle est ainsi conçue : « Les créanciers du saisi, pour quelque cause » que ce soit, même pour loyers, ne pourront former » opposition que sur le prix de la vente... » Que conclure de là, sinon que la loi, par *à contrario*, refuse aux créanciers le droit d'empêcher la vente ? Et cela est vrai, non seulement du locateur, que le texte prend soin de désigner spécialement, mais encore de tout autre rétenteur, car les termes de l'art. 609 sont généraux; on ne peut arrêter le cours de la saisie pour quelque cause que ce soit.

Ce système est inadmissible; l'art. 609, qui lui sert de base, n'a point la généralité qu'on prétend lui donner; il ne s'applique, en effet, qu'à la saisie-exécution, et laisse entière la question de savoir si la saisie immobilière peut être empêchée ou modifiée par le droit de rétention. Cet article n'est pas davantage applicable en matière de saisie-arrêt; or, cette dernière voie est la seule qui soit ouverte aux créanciers lorsque les effets mobiliers de leur débiteur sont aux mains d'un tiers. On nous objectera, peut-être, que l'on peut saisir directement les meubles qui garnissent la maison louée; mais cette dérogation au droit commun n'est qu'apparente, car si le locateur possède les meubles dans la limite de son droit de gage, il n'en est pas moins vrai que c'est le locataire, c'est-à-dire le débiteur lui-même, qui les détient; par conséquent la saisie-arrêt ne saurait être employée dans l'espèce.

Second système. — Le droit de rétention est exclusif du droit de saisie. En effet, le propriétaire des objets retenus ne peut en obtenir la restitution qu'à la condition de désintéresser préalablement le rétenteur. Or, les créanciers saisissants agissent du chef de leur débiteur (art. 1166, C. Civ.); ils ne peuvent donc avoir plus de droits que lui, et, par suite, ils ne sauraient évincer le rétenteur tant que celui-ci n'aura pas reçu le paiement de ce qui lui est dû; en d'autres termes, la saisie n'est possible qu'après l'acquittement de la dette pour laquelle la chose du débiteur est retenue.

Ce système ne nous semble pas plus exact que le précédent. Il est impossible de soutenir que le droit de rétention exclut d'une manière absolue le droit, qui appartient aux créanciers, de saisir-arrêter les meubles de leur débiteur, car les art. 557 et 579 C. Proc., ne distinguent pas si ces meubles se trouvent entre les mains d'un tiers obligé à la restitution, ou bien s'ils sont détenus par un créancier investi de la rétention. L'art. 547 C. Com. permet, il est vrai, aux syndics, autorisés par le juge commissaire, de retirer les gages au profit de la faillite, en remboursant la dette; mais cette disposition est purement énonciative, et l'on n'en peut pas conclure qu'au cas où les créanciers gagistes resteraient dans l'inaction, les syndics ne pourraient point procéder de leur chef à la vente des objets engagés. La loi, en les autorisant à employer de la sorte les fonds disponibles, leur donne une faculté, mais elle ne consacre aucune prohibition.

Quant aux immeubles, il résulte de l'art. 2204 C. Civ., que les créanciers peuvent les saisir, à la condition que la propriété n'en soit pas contestée ou litigieuse, et le législateur n'a jamais dit que cette voie d'exécution ne serait possible que dans le cas où les immeubles se trouveraient entre les mains du débiteur. Si le Code de Procédure n'a point réglé la marche à suivre lorsque les immeubles sont détenus par un tiers, c'est que cette hypothèse, très-rare dans la pratique, n'a point attiré son attention. On ne peut donc point argumenter de son silence pour en tirer une impossibilité de saisie. (En ce sens Mourlon, ex. crit., p. 669). On procédera en la forme ordinaire, sauf certaines modifications nécessitées par la différence de situation.

Troisième système. — Le droit de rétention peut se concilier avec le droit de saisie. Ce système, qui est le nôtre, se justifie par les considérations suivantes.

Le droit de rétention n'empêche pas que le débiteur puisse vendre sa chose, si bon lui semble, mais cette vente n'entraîne pas l'extinction de la rétention, qui, comme toute autre charge réelle, continue à grever la chose vendue ; en conséquence, l'acquéreur ne pourra obtenir délivrance qu'autant qu'il désintéressera préalablement le rétenteur si sa créance est exigible, ou si le terme stipulé ne l'a été que dans l'intérêt du débiteur. Or, ce qui est vrai de l'aliénation volontaire l'est également de l'aliénation sur saisie, car la saisie n'est que l'exercice par les créanciers du droit d'aliénation qui appartient à leur débiteur, et la preuve, c'est que l'adjudication bien qu'elle ait lieu sur la poursuite des créanciers saisissants, est faite au nom du saisi, et ne transfère à l'adjudicataire d'autres droits à la propriété que ceux du débiteur saisi (art. 717, C. Pro. modifié par la loi du 21 mai 1858).

Nous sommes donc fondés à dire que les créanciers peuvent faire vendre la chose retenue, mais que l'adjudicataire n'entrera en possession qu'après avoir payé le rétenteur. Voici comment on procédera : les créanciers saisissants feront insérer, soit dans le cahier des charges, s'il s'agit d'un immeuble, soit dans les annonces et affiches, s'il s'agit d'un effet mobilier, que le bien mis en vente étant aux mains d'un créancier qui a le droit de le retenir jusqu'à ce qu'il soit complétement désintéressé, l'adjudication n'aura lieu qu'autant que l'enchère la plus forte sera au moins égale au montant de la créance du rétenteur, et à la charge pour l'adjudicataire de payer son prix entre ses mains, jusqu'à concurrence de ce qui lui est dû.

S'il existe, en faveur du rétenteur, un terme non encore échu, on admet généralement que l'adjudicataire ne peut pas le forcer à accepter un paiement par anticipation, et, qu'en conséquence, les créanciers saisissants devront porter ce fait à la connaissance des tiers dans le cahier des charges ou dans les affiches. Peut-être pourrait-on soutenir cependant que l'acquéreur est fondé à se prévaloir, dans ce cas, de la disposition de l'art. 2184 C. C., pour éteindre la dette avant l'échéance du terme et se faire délivrer immédiatement la chose par le rétenteur. (V. Glasson, p. 109).

La théorie que nous venons d'exposer, offre cet avantage que tout en respectant la lettre de la loi, elle donne satisfaction aux intérêts, également légitimes, du rétenteur et des créanciers saisissants. Nous n'y apporterons qu'une exception, relativement au droit de rétention du locateur (art. 609, C. Pr.) ; vis-à-vis de lui, les créanciers saisissants agiront par voie de saisie-exécution, et non par voie de saisie-arrêt, d'où l'on conclut : 1° que les créanciers poursuivants ne sont point tenus de faire monter le prix d'adjudication à un chiffre égal ou supérieur au montant des sommes dues au locateur ; 2° que l'adjudicataire doit payer son prix à l'officier public qui a procédé à la vente, et non pas au locateur ; 3° que ce dernier n'a que le droit de former opposition sur le prix de vente, et que, par suite, il sera exclu et forclos, s'il ne produit son titre dans les délais de la loi (art. 656 et suiv., C. Pr.). Un arrêt de cassation du 3 juillet 1834 (J. P., t. 26, p. 698), généralisant cette dernière proposition, l'applique à tout rétenteur ; mais la Cour suprême est revenue sur cette erreur, et a consacré dans un arrêt du 31 mars 1851 (id. 51, 2, 5) ce principe certain : que le droit de rétention de l'antichrésiste subsiste, nonobstant l'expiration des délais précités, aussi longtemps que la créance qu'il garantit n'est pas éteinte. Ce qui est vrai de l'antichrésiste l'est aussi de tout créancier investi du droit de rétention.

Le motif pour lequel la loi a placé le locateur dans une condition inférieure à celle des autres rétenteurs est difficile à découvrir. Peut-être a-t-on considéré que l'étendue de son gage le rend à peu près sûr d'être payé sur le prix en provenant, alors même que la vente en serait faite à contre-temps et à de mauvaises conditions ; que, par suite, on pouvait se relâcher, à son égard, des précautions ordinaires. Et puis, quand même il n'y aurait là qu'une inconséquence du législateur, il faudrait se courber encore devant le texte formel de l'art. 609. Mais de là à dire que notre système doit être rejeté, il y a loin. La constatation d'une anomalie qui a échappé aux rédacteurs du Code, ne suffit pas pour détruire une théorie conforme aux principes et fort utile au point de vue pratique. (V. Mourlon, exam., crit., n° 219).

Avant de terminer ce chapitre, il nous reste à dire quelques mots sur une question que nous avons précédemment soulevée sans la résoudre (V. ch. III, *in fine*). Le droit de rétention est-il opposable aux tiers en l'absence de toute condition de publicité?

Sous l'empire du Code cela n'est pas douteux, car les formalités prescrites en matière de priviléges et d'hypothèques constituent des dispositions exceptionnelles qui ne sauraient être étendues par analogie à la rétention. Le silence du législateur n'a rien qui doive nous étonner, en ce qui concerne les meubles, car l'esprit général du Code est de laisser en dehors de son système de publicité les droits qui s'exercent sur eux (nous ne parlons que des meubles corporels, car la transmission des meubles incorporels et les priviléges établis sur eux sont assujettis par les art. 1690, 2075, C. Civ., à des formes particulières de publicité). Cela est juste, car les meubles ayant peu de durée, se détériorant facilement, et passant de mains en mains avec rapidité, il serait peu aisé et surtout peu pratique de les soumettre à une publicité quelconque. Du reste, les créanciers qui se trouvent en conflit avec le rétenteur d'un objet mobilier, appartenant à leur débiteur, ne peuvent se plaindre d'aucune surprise, car la chose n'étant plus aux mains du débiteur, mais dans celles du rétenteur, ils n'ont pas dû compter qu'elle figurerait dans leur gage.

En matière d'immeubles, il n'en est plus ainsi : « La » possession du rétenteur, dit avec raison M. Cabrye, » ne suffit pas à révéler, aux tiers sa qualité de créan- » cier et la garantie dont il est investi, encore moins » la quotité de sa créance. » Ils seront donc forcés de subir l'exercice d'un droit dont ils n'auront pas soupçonné l'existence ! C'est là un résultat des plus regrettables.

La loi du 23 mars 1855 n'a point remédié à ce fâcheux état de choses, et l'on doit s'en étonner. Peut-être cette lacune tient-elle à l'absence, dans le Code, d'un ensemble de règles sur la rétention, ce qui ferait que le législateur de 1855 aurait complétement perdu de vue cette matière. Quoi qu'il en soit, l'énumération des art. 1 et 2 est limitative, et l'on ne saurait étendre au droit de rétention la formalité qu'ils prescrivent.

Nous trouvons, cependant, deux cas particuliers où l'existence du droit de rétention sera portée à la connaissance des tiers par la voie de la transcription ; cela arrive :

1° Lorsque ce droit résulte d'un contrat d'antichrèse (Loi du 23 mars 1855, art. 2) ; 2° Lorsque la transcription d'un contrat de vente aura précédé la délivrance de la chose vendue et le paiement du prix. Remarquons que cette transcription n'est exigée par l'art. 2108, C. Civ., et par la loi de 1855, que pour conserver le privilége du vendeur, et pour opérer la translation de la propriété, vis-à-vis des tiers ; il n'est pas présumable que le législateur ait songé au résultat qu'elle pouvait produire, dans ce cas particulier, relativement au droit de rétention.

CHAPITRE VII.

VOIES JURIDIQUES PAR LESQUELLES S'EXERCE LE DROIT DE RÉTENTION

Lorsque le propriétaire de la chose retenue poursuivra le créancier devant les tribunaux pour en obtenir la restitution, celui-ci se bornera à répondre qu'il a le droit de conserver sa chose jusqu'à ce qu'il ait reçu un paiement intégral. La rétention se présente donc sous la forme d'un moyen de défense.

La loi distingue deux sortes de moyens de défense, les défenses proprement dites ou défenses au fond, et les exceptions. Dans quelle catégorie doit-on ranger la rétention ?

Est-ce parmi les défenses proprement dites ? Non, évidemment. Car celles-ci tendent à établir que la demande n'est pas fondée, que le droit réclamé n'a jamais existé ou qu'il est éteint. Or, dans l'espèce, le rétenteur ne conteste pas à son adversaire la qualité de propriétaire, il ne nie pas que le demandeur soit fondé à obtenir la restitution de sa chose, mais il soutient seulement que ce résultat est subordonné au paiement de la dette, ce qui est bien différent.

Nous sommes donc amenés à reconnaître que la rétention constitue une véritable exception, puisque, sans attaquer le mérite de la demande, elle se borne à la faire écarter pendant un certain temps, jusqu'à l'accomplissement d'une condition déterminée ; dans l'espèce, le paiement de la dette. Mais les exceptions se subdivisent elles-mêmes en exceptions déclinatoires, péremptoires quant à la forme et dilatoires. La rétention doit-elle prendre place dans une de ces trois classes ? Nous ne le pensons point. La rétention n'est pas une exception déclinatoire, car elle n'a pas pour but le renvoi de l'affaire devant un autre tribunal. Elle ne constitue pas, non plus, une exception péremptoire quant à la forme, car elle ne vise aucune nullité de procédure. Sans doute, si l'on entend par exception dilatoire toute exception qui laisse subsister l'action et se borne à en suspendre l'exercice, on peut appliquer à la rétention cette dénomination. Mais tel n'est pas le sens exact que le code de procédure attache à ces expressions : exception dilatoire ; il désigne, par ces mots, toute exception qui a pour but direct et avoué l'obtention d'un délai, comme l'exception de garantie ou celle donnée à l'héritier pour faire inventaire et délibérer. On voit qu'il y a une grande différence entre ces diverses hypothèses, où le défendeur conclut d'une manière formelle à ce qu'il lui soit accordé un délai, et la situation du rétenteur dont la prétention, reconnue fondée, entraîne un sursis, mais d'une manière indirecte et par voie de conséquence d'une exception dans laquelle il n'y avait pas conclu directement (V. Boitard, I, p. 343). D'ailleurs les exceptions dilatoires ne sont recevables que pendant un certain temps, déterminé par la loi (art. 795, 797, 1456, 1457, C. Civ., 174, 175. et suiv. C. Pro.), ou par le juge (art. 798, 1458, C. Civ., 174 C. Pro.), tandis que l'exception de rétention peut être proposée à toute époque, et qu'il dépend du demandeur de la faire disparaître en payant le défendeur. La rétention ne constitue donc point une exception dilatoire.

La vérité est qu'elle forme, comme la caution *judicatum solvi*, une exception d'un genre particulier, qui doit rester en dehors des différentes classifications que nous avons énumérées.

Un point qui ne saurait faire de doute, c'est que le créancier peut toujours agir par voie d'action pour obtenir le paiement de la dette, alors même qu'il ne peut plus invoquer la rétention, soit parce qu'il a renoncé à s'en prévaloir, soit parce qu'il a perdu la détention de la chose retenue, par le fait d'un tiers ou du propriétaire lui-même. Le droit principal est indépendant de l'existence ou de la perte du droit accessoire, et la renonciation expresse ou tacite au second, ne fait point présumer l'abandon du premier (art. 1286, C. Civ. analog.).

Remarquons, toutefois, que dans le système, qui est le nôtre, où l'on admet que le droit de rétention peut servir de garantie à une obligation naturelle, le créancier, qui a perdu cette sûreté, n'a plus aucune voie de recours contre son débiteur.

Nous avons vu précédemment (chap. V, sect. I,) comment les choses se passent lorsque le rétenteur a été dépossédé par suite d'un fait indépendant de sa volonté. Nous ne reviendrons pas sur cette question et nous nous bornerons à un simple renvoi.

Un dernier mot avant de terminer ce chapitre. Le rétenteur est en droit de repousser par la force toute tentative de violence qui viendrait le troubler dans sa possession, sans qu'il y ait lieu de distinguer si l'auteur de cette attaque est un étranger ou le propriétaire lui-même. Cette faculté d'opposer la force à la force est parfaitement licite, car elle n'est que l'exercice du droit de légitime défense, en vertu duquel nous sommes autorisés à employer la force pour faire avorter l'attaque dirigée contre notre personne ou nos biens, et détruire les obstacles violents par lesquels on essaie d'entraver le libre exercice de nos droits. (Art. 328, 329, Code Pénal)

CHAPITRE VIII

PRINCIPAUX CAS OU L'ON RENCONTRE LE DROIT DE RÉTENTION.

L'ordre dans lequel nous allons étudier les nombreuses hypothèses où se présente le droit de rétention, se déduit du système que nous avons adopté quant aux conditions d'existence de ce droit. Nous avons reconnu, en effet, qu'il devait être accordé, malgré le silence de la loi ou des parties contractantes, lorsque la créance et la chose retenue sont connexes, mais que le pouvoir du législateur et la convention des parties étaient assez puissants pour le créer en l'absence de cette condition. Nous consacrerons donc une section aux hypothèses où la rétention résulte d'une disposition expresse du législateur; et nous y examinerons séparément les cas ou la connexité existe et ceux où elle fait défaut. Une autre section comportera l'étude des hypothèses où l'on accorde le droit de rétention, par extension, lorsque la créance est connexe à la chose retenue. Enfin le droit de rétention conventionnel fera l'objet de notre dernière section.

SECTION I

CAS OU LE DROIT DE RÉTENTION RÉSULTE D'UNE DISPOSITION EXPRESSE DE LA LOI.

1. — *Cas où la créance est connexe à la chose retenue.*

§ 1. — L'art. 570 C. Civ. accorde au spécificateur le droit de retenir l'objet spécifié jusqu'à ce que le propriétaire de la matière l'ait indemnisé.

§ 2. — Aux termes de l'art. 867 C. Civ. « le co-» héritier qui fait le rapport en nature d'un immeuble, » peut en retenir la possession jusqu'au rembourse-» ment effectif des sommes qui lui sont dues pour im-» penses et améliorations. »

Il importe de bien préciser le sens des dernières expressions employées par le texte Et, d'abord, il est évident que le législateur ne s'occupe pas des dépenses d'entretien ; l'héritier ayant perçu les fruits du fonds pour son propre compte jusqu'au moment où est née l'obligation de restituer, il est juste de mettre à sa charge, par application du principe de réciprocité qui domine la matière, l'entretien de l'immeuble. Remarquons, toutefois, que la succession devra lui rembourser les dépenses d'entretien postérieures au décès du *de cujus*, car, à partir de cette époque, il cesse de faire les fruits siens ; cette nouvelle créance sera garantie par le droit de rétention.

On a prétendu, cependant, que l'héritier, soumis au rapport, continuait à avoir droit aux fruits, même après l'ouverture de la succession, « en vertu de la disposition spéciale qui légitime sa possession ; ses cohé-» ritiers ne seraient pas fondés à s'en plaindre, puis-» que c'est leur retard à payer qui en est cause. » (Chabot sur l'art. 867, n° 2. ; Dall. rép. alph. v° success. n° 1281, Poujol, sur l'art. 867).

Cette manière de raisonner est complètement erronée; nous avons démontré déjà (V. Chap. V, sect. I), que le rétenteur n'a d'autre droit sur les fruits que celui qui lui appartient sur la chose qui les a produits ; la simple détention dont il jouit ne saurait être assimilée, quant à ses effets, à une possession de bonne foi, *cum animo domini*. (En ce sens, Aubry et Rau, V. p. 338 ; Duranton VII, n° 390 ; Demante III, n° 200 bis ; Cabrye, p. 202 ; Glasson p. 115)

Quid des impenses nécessaires ? Bien qu'elles n'aient point augmenté la valeur de l'immeuble, l'héritier pourra les faire valoir par la voie de la rétention, car c'est parce qu'il les a faites que l'immeuble se trouve encore dans la succession. Allons plus loin, il aura droit à la totalité de ces impenses dans le cas même où l'immeuble viendrait à périr ensuite par cas fortuit. Ce résultat n'est point injuste; car si la donation n'avait pas eu lieu, le *de cujus* eût procédé lui-même aux réparations nécessitées par la conservation de l'immeuble et les sommes employées à cet usage ne se seraient pas retrouvées dans la succession. Or, s'il est équitable que la donation ne nuise pas aux cohéritiers du donataire, il est assez naturel aussi qu'elle ne leur profite pas au détriment du donataire (Mourlon, Rép. sur le C. Civ., II, p. 197).

Pour les dépenses utiles, la solution est différente ; l'héritier ne peut pas réclamer tout ce qu'il a déboursé, mais seulement la plus-value que sa dépense a produite. Ce n'est donc que dans cette limite qu'il jouira du droit de rétention. L'art. 861 exige encore une autre condition : il faut que la plus-value persiste jusqu'au moment du partage, car c'est à cette époque qu'on devra se placer pour la déterminer. Cette disposition est-elle logique, et reproduit-elle fidèlement l'intention véritable du législateur ? Nous ne le pensons pas. Sans doute, il ne suffit pas ici, comme en matière d'impenses de conservation, que la dépense ait été faite, pour que l'on ait le droit de la répéter, il faut, de plus, que le résultat produit puisse encore être apprécié au moment où le donataire devient comptable de l'immeuble vis-à-vis de la succession, car le donataire ne doit pas s'enrichir à son détriment, ce qui arriverait s'il lui était permis de réclamer à cette dernière une plus value dont elle n'aurait pas profité. Aussi est-il conforme à tous les principes de décider que la plus-value devra être déterminée en se plaçant au moment du décès du *de cujus*.

Un exemple suffira, d'ailleurs, pour montrer quels résultats iniques peut entraîner la manière de procéder que prescrit l'art. 861. Supposons que l'immeuble soumis au rapport, et qui valait 2,000 fr. au moment de la donation, se soit trouvé porté, au moment de l'ouverture de la succession, à une valeur de 3,000 fr. par suite des améliorations opérées par le donataire; survient un cas fortuit qui enlève cette plus-value, et l'immeuble ne vaut plus que 2,000 fr. à l'époque du partage ; le donataire n'aura droit à aucune indemnité. Bien plus, s'il a vendu l'immeuble avant le décès du *de cujus*; il devra verser 3,000 fr., car l'art. 860 dispose : que le donataire, au cas d'aliénation, doit rapporter une somme représentative de la valeur qu'avait l'immeuble, non pas au moment du partage, mais à celui de l'ouverture de la succession. Ainsi il n'aurait eu à payer que 2,000 fr. s'il n'avait pas amélioré le fonds, et parce qu'il y a créé une plus-value, il devra 3,000 fr. à ses cohéritiers !

Cependant, malgré l'injustice flagrante de ces résultats, nous devrions encore respecter la décision de l'art. 861, s'il n'était clairement prouvé, par les travaux préparatoires (V. Fenet, p. 71), qu'elle provient d'une erreur de rédaction. Dans le projet du Code, en effet, l'art. 860 reproduisait la théorie de l'ancien droit, d'après laquelle le rapport des immeubles se faisait sur le pied de leur valeur au moment du partage; il était donc tout naturel que l'art. 861 visât aussi cette époque. Mais dans la discussion de l'art. 860, on fit remarquer les inconvénients du système qu'il consacrait, et les expressions « au moment du partage » furent remplacées par celles-ci : « au moment de l'ouverture de la succession. » Le même changement aurait dû être opéré dans l'art. 861, mais on oublia de le faire.

En conséquence, nous pensons que ce n'est point violer la loi, mais se conformer à son esprit que de fixer l'époque de l'ouverture de la succession comme devant être celle de la détermination de la plus-value.

En ce qui touche les dépenses voluptuaires, pas de difficulté; la valeur de l'immeuble ne s'en trouvant pas augmentée, il s'ensuit que le donataire ne peut rien réclamer, de ce chef, à la succession; il n'a que le droit d'enlever tout ce qui peut l'être sans détérioration pour le fonds.

§ 3. — Le législateur s'est montré soucieux des intérêts du vendeur, et a multiplié les garanties pour le protéger contre l'insolvabilité de l'acheteur. C'est ainsi qu'il lui accorde, à la fois, le droit de retenir la chose jusqu'au paiement du prix (art. 1612, 1613, C. Civ.), une action en résolution en cas de non paiement (art. 1654), un privilége (art. 2102, 4°; 2103, 1°); et une action en revendication du droit de rétention dans l'hypothèse particulière prévue par le § 2 du 4° de l'art. 2102 (V. ch. V. tit. I).

Le vendeur ne peut user du droit de rétention que lui confère l'art. 1612, que dans le cas où la vente a été faite sans terme. Lorsqu'il y a eu un terme stipulé pour le paiement du prix, l'acheteur peut contraindre le vendeur à lui délivrer immédiatement la chose, parce qu'alors ce dernier est présumé avoir suivi sa foi. Il est évident que ce que nous disons du terme de droit ne s'applique point au terme de grâce, car celui-ci est accordé par la justice, contre le gré du vendeur, et l'on ne peut pas en tirer contre lui la présomption qui résulte du terme conventionnel (Duvergier I, p. 271).

Dans certains cas, cependant, la stipulation d'un terme ne fait pas obstacle à l'exercice du droit de rétention du vendeur; notamment lorsque l'acheteur vient à tomber en faillite ou en déconfiture depuis la vente (art. 1613), et en général toutes les fois que le vendeur, par suite de circonstances postérieures au contrat, se trouve en danger imminent de perdre la chose et le prix (Aix, 29 juin 1842. Cass. req. 18 avril 1843. D. P. 43, 1,234. Rouen, mai 1847, J. P. 48, 2,366).

Remarquons que si les faits qui rendent la situation du vendeur périlleuse, existaient déjà lors de la vente, il ne pourrait point prétendre exercer son droit de rétention, car, en accordant un terme à l'acheteur, il a consenti, par là même, à courir les risques de son insolvabilité. Il faut excepter, toutefois, le cas où l'acheteur aurait réussi à cacher au vendeur l'état de ses affaires, en employant des manœuvres frauduleuses.

L'offre d'une caution, faisant cesser tout danger pour le vendeur, suffit toujours pour conserver à l'acheteur le bénéfice du terme.

Enfin, en matière commerciale, le vendeur jouit du droit de rétention, aussi bien dans les ventes à terme que dans les ventes sans terme ; l'art. 577 C. Co., ne distingue pas.

Faut-il étendre au droit de rétention du vendeur la disposition de l'art. 7 de la loi du 23 mars 1855, aux termes duquel « l'action résolutoire établie par l'ar- » ticle 1654 C. Civ. ne peut être exercée après l'ex- » tinction du privilége du vendeur, au préjudice des » tiers qui ont acquis des droits sur l'immeuble, du » chef de l'acquéreur, et qui se sont conformés aux » lois pour les conserver » ? La négative nous paraît certaine ; nous avons vu, en effet, que notre législation n'a soumis le droit de rétention à aucune condition de publicité ; or, dans l'espèce dont il s'agit comme dans toutes les autres, ce serait ajouter à la loi, que de vouloir obliger le rétenteur à porter son droit à la connaissance des tiers.

§ 4. — Il résulte clairement de l'art. 1707 C. Civ., que l'on doit accorder au co-échangiste, le droit de retenir la chose qu'il a promise, lorsque l'autre partie en réclame la délivrance, tout en refusant d'accomplir celle à laquelle elle est elle-même tenue.

§ 5. — Le vendeur qui veut exercer le pacte de rachat, doit, aux termes de l'art. 1673 C. C., rembourser à l'acheteur : 1° Le prix principal; le texte ne parle pas des intérêts, et son silence sur ce point est parfaitement juste, car les intérêts se compensent avec les fruits que l'acheteur a perçus pour son compte personnel ; 2° les frais et loyaux coûts du contrat, auxquels on doit ajouter les frais d'enlèvement, que l'art. 1608 met à la charge de l'acheteur ; 3° les sommes employées à des réparations nécessaires, lors même que le résulat de la dépense a disparu en partie ou en totalité ; 4° la plus-value créée par les dépenses utiles. Toutefois, dans le cas où cette plus-value serait considérable et dépasserait les moyens du vendeur, on pourra procéder comme nous l'avons dit dans un précédent chapitre (V. chap. V, sect. II).

Les dépenses d'entretien, étant une charge des fruits, sont supportées pour le tout par l'acheteur.

« Le vendeur ne peut rentrer en possession, dit l'article 1672, qu'après avoir satisfait à toutes ces obligations. » Ainsi le paiement des diverses sommes que nous avons énumérées, est la condition d'où dépend la résolution de la vente. Tant qu'elle n'est point réalisée, la propriété continue à résider sur la tête de l'acheteur. Que conclure de là, sinon que ce n'est pas en qualité de simple rétenteur, mais bien comme propriétaire que l'acheteur peut refuser de délivrer la chose ? Par suite, les créanciers chirographaires du vendeur et ses créanciers hypothécaires postérieurs à la vente ne seront point admis à la saisir, car leur droit de saisie n'embrasse que ce qui forme le patrimoine de leur débiteur ; or, la chose vendue n'en fait pas pas partie. On décide généralement qu'ils n'ont qu'une ressource, c'est d'exercer l'action en réméré au nom de leur débiteur (art. 1166, C. Civ.), et de saisir la chose une fois la vente résolue.

Certains auteurs sont allés plus loin; suivant eux

les actions immobilières sont saisissables comme les immeubles par leur nature; en effet, disent-ils, le débiteur, en s'obligeant, confère à ses créanciers le droit de faire vendre en justice tous les biens qui composeront son patrimoine; tous les biens du débiteur sont donc le gage de ses créanciers; or, que serait-ce qu'un droit de gage s'il n'était accompagné du droit de saisie? Sans doute, les créanciers peuvent recourir à l'art. 1166, mais il faut, pour cela, qu'ils soient en mesure de faire les avances nécessaires à l'exercice de l'action. D'ailleurs l'art. 2204 C. Civ., ne distingue pas; il accorde aux créanciers le droit de saisir « tous les biens immobiliers » du débiteur, et s'il désigne spécialement l'usufruit, c'est uniquement pour exclure du principe qu'il pose, les droits d'usage, d'habitation, et les servitudes réelles. Dans ce système, les créanciers pourront saisir l'action en réméré quand elle aura pour objet un immeuble; les formalités seront les mêmes que s'il s'agissait de saisir l'immeuble; le procès-verbal de saisie dira que les créanciers saisissent l'action en réméré portant sur tel immeuble, dont il contiendra la désignation extérieure, et dont il indiquera la situation, les tenants et les aboutissants.

Quid si l'acheteur remet la chose au vendeur sans exiger préalablement son remboursement? On a soutenu qu'il jouissait alors du privilége de l'art. 2102, attendu que l'exercice du réméré constitue une seconde vente dans laquelle l'acheteur à réméré joue le rôle de vendeur. Mais cette théorie est erronée; la vérité est que l'exercice du réméré opère la résolution rétroactive de la vente préexistante, et que les choses doivent désormais se passer comme s'il n'y avait jamais eu de vente. Le vendeur ne devient pas propriétaire, il est considéré comme n'ayant jamais cessé de l'être. Si donc il n'y a pas de vente nouvelle, l'acheteur à réméré ne peut pas prétendre au privilége de l'art. 2102; il prendra rang parmi les créanciers chirographaires du vendeur. (Merlin, rep. v° Priv. de créanc; Battur, Priv. et hyp. n° 97 ; Troplong, id. n° 261).

§ 6. — Aux termes de l'art. 1948 C.Civ., « le dépo-» sitaire peut retenir le dépôt jusqu'à l'entier paiement » de ce qui lui est dû à raison du dépôt. » Ce texte ne faisant aucune distinction entre les dépenses nécessaires et les dépenses utiles, il semble tout naturel d'autoriser le dépositaire à se prévaloir de la rétention pour se faire rembourser les dernières. Mais cette solution est rejetée par beaucoup d'auteurs (Aubry et Rau, 2e édit. III, p. 114, note 1 ; Duranton XVIII, n° 73 ; Dalloz, Rep. Alph., v° Rétent., n° 44, Glasson p. 122), qui raisonnent ainsi : le dépôt ne confère au dépositaire aucun droit sur la chose déposée ; sa mission se borne à la conserver intacte, et il doit la restituer dans l'état où il l'a reçue (art. 1915 C. Civ.) ; s'il y fait des dépenses qui n'étaient point nécessaires, mais qui ont seulement pour objet de l'améliorer, il excède son mandat ; il ne peut donc fonder sur ce fait un droit de rétention qui ne pouvait être dans les prévisions du déposant au moment où le contrat s'est formé.

MM. Cabrye (p. 203) et Mourlon (ex. crit., n° 226) sont d'un avis contraire. Puisque l'art. 1948 est conçu en termes généraux, disent-ils, on doit permettre au dépositaire de retenir la chose déposée pour toutes les créances qui sont nées à son occasion. Lui refuser ce droit c'est traiter avec trop de rigueur une personne qui rend un service important et dangereux pour elle, puisqu'elle est tenue de la garde de la chose sans en retirer aucun profit.

Laquelle de ces deux opinions faut-il adopter? La seconde, mais pour des motifs autres que ceux qui ont été donnés à l'appui. En effet, les partisans du premier système sont dans le vrai en disant que le dépositaire ne peut pas puiser dans l'art. 1948 le droit de retenir la chose déposée pour le remboursement de ses impenses utiles, car l'art. 1947 ne parle que des impenses de conservation et des pertes occasionnées par le dépôt; c'est donc à ces deux sortes de créances et à elles seules que se réfère le droit de rétention établi par l'art. 1948. Mais nous avons prouvé (Chap. III) que le droit de rétention devait être accordé, d'une manière générale, dans tous les cas où il y a *debitum cum re junctum*. Or, cette condition est remplie lorsque des dépenses utiles ont amélioré la chose déposée; le dépositaire pourra donc la retenir, malgré le silence de la loi, jusqu'à ce qu'il ait reçu paiement, non pas seulement de la plus-value, mais encore de la totalité de la somme déboursée, car il doit être assimilé, quant aux dépenses utiles, à un véritable gérant d'affaires, et l'art. 1375 C. Civ. oblige le maître à payer au *negotiorum gestor* toutes les avances par lui faites en exécutant des dépenses utiles.

Personne ne conteste que le droit de rétention de l'art. 1948 ne s'applique aux dépenses d'entretien, car, du moment que le dépositaire n'a pas le droit de jouir de la chose déposée, il est juste que l'entretien n'en soit pas à sa charge.

Ajoutons que le dépositaire trouve encore une autre garantie dans le privilége de l'art. 2102, 3° ; mais ce privilége est bien moins étendu que le droit de rétention, car il ne garantit que les frais de conservation.

Enfin, si le dépositaire a fait des dépenses voluptuaires, il n'a que le droit de les enlever sans détériorer la chose.

§ 7. — L'art. 657 C. Pr. accorde à l'officier public qui a procédé à la vente des biens d'un débiteur saisi, le droit de retenir, sur le prix de vente, ses frais tels qu'ils ont été taxés par le juge sur la minute du procès-verbal. Ce droit de rétention est plus avantageux que le privilége général de l'art. 2101, 1°, car tous les créanciers privilégiés de même ordre sont payés par concurrence (art. 2097), tandis que l'art. 657 C. Pr., procure à l'officier public la faveur d'être payé avant tous autres.

§ 8. — C'est à tort que certains auteurs (Glasson,

p. 160) prétendent induire de l'art. 306, C. Co. que le capitaine de navire ne jouit d'aucun droit de rétention sur la cargaison pour le paiement de son fret. Ce texte, en effet, n'oblige pas le capitaine à délivrer les marchandises au propriétaire, nonobstant le refus de paiement, puisqu'il lui permet, dans ce cas, de demander que les marchandises déchargées soient déposées en main tierces. Le droit de rétention existe donc au profit du capitaine; seulement la loi ne veut pas qu'il l'exerce lui-même, et elle l'autorise à désigner une personne qui détiendra pour son compte. Cette modification, apportée par le législateur aux règles ordinaires de la matière, tient probablement à cette double considération que, d'une part, la destination d'un navire est de voyager et non pas de servir de magasin; et que, d'autre part, le séjour trop prolongé des marchandises dans le navire eût pu leur occasionner des avaries. Notre article a été, en effet, copié presque textuellement dans l'art. 23 (Tit. III, liv. III) de l'ordonnance de 1681, lequel défend spécialement au capitaine « de retenir la marchandise dans son vaisseau », et les expressions employées par le rédacteur de l'ordonnance nous paraissent renfermer l'idée que nous avons émise plus haut.

§ 9. — En principe, la propriété est inviolable; nul ne peut être contraint de se dessaisir de sa chose, si ce n'est, toutefois, lorsque l'intérêt général commande ce sacrifice (art. 545, C. Civ.); dans ce cas l'expropriation devient légitime. Mais, pour empêcher les abus de se produire, la loi du 3 mai 1841 décide que le droit du propriétaire ne sera anéanti qu'autant que la déclaration d'utilité publique sera suivie d'un jugement qui prononcera l'expropriation si toutes les formalités protectrices des intérêts privés ont été remplies.

Dès que le jugement est rendu, la propriété passe de l'exproprié à l'expropriant, mais le premier n'est tenu de délivrer la chose au second qu'autant qu'il en a reçu une juste et préalable indemnité, fixée par un jury spécial. Ce droit de rétention, qui existe au profit de l'exproprié, est constaté par des textes nombreux (art. 545, C. Civ.; L. 3 mai 1841, art. 53; L. 16 sept. 1807, art. 48, 49; Av. Cons. d'Et. 18 août 1807; Constitut. de 1791, tit. I, § 3; de 1793, art. 19; de l'an III, art. 358; Chartes de 1814, art. 10, et de 1830, art. 9.; Const. de 1848, art. 11).

Dans certains cas exceptionnels, cependant, le propriétaire peut être forcé d'abandonner sa chose, en se contentant d'une indemnité provisoire, ce qui arrive lorsqu'il y a urgence de prendre possession des terrains et que ceux-ci ne sont point bâtis (L. 3 mai 1841, art. 65 à 74), ou lorsqu'il s'agit de travaux de fortifications (L. 30 mars 1831, confirmée par art. 76, L. 3 mai 1841). Enfin, il peut se faire qu'il y ait, pour l'autorité, nécessité impérieuse de s'emparer instantanément d'une propriété privée, sauf à régler plus tard l'indemnité, tels sont les cas d'incendie, de siége ou d'inondation (L. 8 juillet 1791, art. 35 et 38;

Décr., 24 déc. 1814, art. 52, 92, 95; arr. Cons. d'Et., 7 août 1835.)

§ 10. — Le bail à domaine congéable ou *bail à convenant*, est un contrat par lequel le bailleur ou *foncier*, cède au preneur ou *domanier*, le droit de jouir d'un fonds qui lui appartient, en même temps qu'il lui en transfère la propriété superficiaire, le tout moyennant une rente annuelle, dite *rente convenancière* ; le bailleur se réserve la faculté de congédier le preneur, et de résoudre, par suite, son droit de propriété superficiaire, en lui payant la valeur des constructions qu'il a élevées sur le fonds.

La loi des 7 juin-6 août 1791 (art. 21) dispose que « le domanier ne pourra être expulsé que préalablement il n'ait été remboursé. » Ce cas de rétention est analogue au précédent, car le preneur subit une véritable expropriation de la part de son bailleur.

§ 11. — Il est de principe que lorsqu'un fermier ou locataire puise son droit dans un bail authentique ou du moins ayant date certaine antérieure à l'aliénation de l'immeuble, il ne peut être expulsé par l'acquéreur (art. 1743, C. Civ.). Au contraire, il est obligé de subir la résolution de son bail, au gré de l'acquéreur, si ledit bail n'a point date certaine antérieure à l'aliénation, ou s'il a été stipulé, entre lui et le bailleur, qu'en cas de vente, l'acquéreur pourrait l'expulser. Mais, outre la nécessité, pour l'acquéreur, de remplir la formalité prescrite par l'art. 1748, le fermier ou locataire soumis à l'expulsion est fondé à réclamer une indemnité, qui, à défaut d'un réglement amiable, est déterminée par les art. 1745 et suivants. Or, l'art. 1749 crée à son profit, pour garantir le paiement de cette indemnité, un véritable droit de rétention sur la chose louée, puisqu'il l'autorise à se maintenir en possession, jusqu'à ce qu'il n'ait reçu la somme qui lui est due.

Quoiqu'on ait soutenu le contraire (v. Glasson p. 158), nous pensons qu'il y a une certaine connexité, dans l'espèce, entre la créance et la chose retenue. N'est-ce point, en effet, la résolution du bail, c'est-à-dire un dommage dont la chose louée est l'occasion, qui donne naissance à la créance du fermier ou locataire ?

§ 12. — Dans les deux cas exceptionnels où une chose mobilière a été perdue ou volée, le propriétaire conserve le droit de la revendiquer pendant trois ans, à compter de la perte ou du vol, contre celui dans les mains duquel il la trouve (art. 2279). En principe, le possesseur évincé n'a rien à réclamer au propriétaire ; s'il ne réussit pas à se faire rendre le prix par celui avec qui il a traité, il ne doit s'en prendre qu'à lui-même ; il a acheté au hasard, sans s'inquiéter de la moralité ni de la solvabilité de son co-contractant, qu'il en subisse les conséquences ! Cependant l'art. 2280 déroge à cette règle, en permettant au possesseur de se faire payer par le revendiquant le prix que lui coûté la chose, « lorsqu'il l'a achetée dans une foire ou » dans un marché, ou dans une vente publique, ou

» d'un marchand vendant des choses pareilles. » Dans ce cas, sa bonne foi est si éclatante, son erreur si légitime, qu'il y aurait injustice à se montrer rigoureux à son égard (Mourlon, rép. écr. III, p. 828). Aussi, l'autorise-t-on à retenir la chose tant que le propriétaire ne lui aura pas payé la somme qu'il a déboursée pour l'avoir (art. 2280). Ici encore, nous constatons l'existence du *debitum cum re junctum*, car la dépense que garantit la rétention, a eu pour objet la chose retenue (Contrà Glasson. p. 158).

Que décider si le possesseur actuel, bien que n'ayant pas acheté la chose dans une foire, un marché, etc., la tient d'une personne qui l'a acquise dans ces circonstances? Nous lui accorderons le droit de se faire indemniser par le revendiquant et de retenir la chose contre lui : « Les principes le commandent, puisque » le possesseur actuel pourrait, si le propriétaire refu- » sait de rembourser le prix, faire intervenir son ven- « deur, tenu de le garantir, lequel exigerait ce rem- » boursement, en vertu de l'article 2280. Seulement » si le prix de la revente de ce vendeur était plus con- » sidérable que celui pour lequel il avait lui-même » acheté, on conçoit que le propriétaire ne serait tenu » qu'au remboursement du prix moindre. » (Marcadé, prescript., sur l'art. 2280).

II. — *Cas où il n'y a aucune connexité entre la créance et la chose retenue.*

§ 1. — Le deuxième alinéa de l'art. 2082 est ainsi conçu : « S'il existait de la part du même débiteur, » envers le même créancier, une autre dette contractée » postérieurement à la mise en gage, et devenue exi- » gible avant le paiement de la première dette, le » créancier ne pourra être tenu de se dessaisir du » gage avant d'être entièrement payé de l'une et de » l'autre dette, lors même qu'il n'y aurait eu aucune » stipulation pour affecter le gage au paiement de la » seconde. »

Cette disposition, dont nous avons donné l'origine (v. ch. II), a suscité la difficulté suivante : le créancier jouit-il, pour la garantie de la seconde dette, d'un simple droit de rétention, ou bien d'un véritable droit de gage, identique à celui qui garantit la première ?

Nous n'hésitons pas à adopter la première solution ; car elle nous paraît clairement résulter de ces mots du texte : « le créancier ne pourra être tenu de se » dessaisir..., etc. » Il est vrai qu'on nous objecte la dernière phrase : « Lors même qu'il n'y aurait » eu aucune stipulation pour affecter le gage au » paiement de la seconde dette. » Mais cet argument n'est pas sérieux, car, comme le fait remarquer M. Cabrye avec juste raison, « le mot gage y est em- » ployé dans le sens de la chose engagée ; et n'est-ce » pas affecter une chose au paiement de la dette que de

» la frapper d'un droit de rétention au profit du créan-
» cier? » (p. 196).

Ce droit de rétention est, comme nous l'avons déjà dit (chap. II), fondé sur l'intention présumée des parties; il ne saurait donc garantir une dette née d'un quasi contrat, d'un délit ou d'un quasi délit, car ces évènements ne rentrent pas dans les prévisions ordinaires. Cette interprétation est, du reste, confirmée par les termes mêmes de l'art. 2082, qui parle d'une dette « contractée. »

§ 2. — Il résulte de l'art. 2102 1° C. Civ. que le propriétaire d'un immeuble, dont il a passé bail, jouit, pour la garantie de ses loyers ou fermages, d'un privilége et d'un droit de rétention sur les fruits de la récolte de l'année et sur les meubles qui garnissent la maison ou la ferme. Lorsque les meubles ont été déplacés sans son consentement, notre article lui accorde un délai de quinze ou de quarante jours, suivant qu'il s'agit d'une maison ou d'une ferme, pour en opérer la revendication et conserver ainsi son privilége et son droit de rétention.

§ 3. — Les fournitures d'un aubergiste sont privilégiées « sur les effets du voyageur qui ont été transportés dans son auberge. » (art. 2102 5°). Nous lui accorderons, de plus, un droit de rétention sur ces mêmes effets. Ce droit, bien que ne résultant pas du texte même de la loi, ressort évidemment de son esprit; la jurisprudence et les auteurs sont d'accord pour reconnaître que l'aubergiste perd son privilége sur les effets du voyageur lorsque celui-ci les emporte, en conséquence l'aubergiste doit avoir le droit de s'opposer à leur enlèvement, sans quoi le privilége, que la loi lui confère, ne serait qu'une sûreté illusoire. Aussi avons nous cru pouvoir placer ce cas sous notre première section, en faisant remarquer, toutefois, qu'il n'y a pas ici de disposition expresse, mais que l'intention du législateur n'en est pas moins évidente. Observons, d'ailleurs, que si la loi elle-même ne nous fournissait pas les éléments de notre solution, nous ne pourrions, dans l'espèce, créer le droit de rétention par interprétation, car le *debitum cum re junctum* y fait défaut.

SECTION II.

CAS OU L'ON ACCORDE LE DROIT DE RÉTENTION MALGRÉ LE SILENCE DES TEXTES, PARCE QUE LA CONDITION DE CONNEXITÉ ENTRE LA CRÉANCE ET LA CHOSE RETENUE SE TROUVE REMPLIE.

§ 1er. — Avant d'examiner la question de savoir si l'on doit accorder le droit de rétention aux possesseurs de bonne ou de mauvaise foi, pour la garantie de leurs impenses, il est bon de rechercher quelles sont celles qui produisent une créance au profit du possesseur, et quelles distinctions il faut faire à cet égard.

En ce qui concerne les impenses nécessaires, pas de difficulté ; le propriétaire doit les rembourser intégralement au possesseur, lors même que celui-ci serait de mauvaise foi, et que le résultat de la dépense aurait disparu par suite d'un cas fortuit ou de force majeure.

En matière d'impenses utiles, le possesseur de bonne foi et le possesseur de mauvaise foi ne sont plus sur la même ligne. Vis-à-vis du premier, le propriétaire jouit de l'alternative suivante : payer une somme représentative de la plus-value, ou rembourser la totalité de la dépense. Si la plus-value est inférieure à la dépense, il prendra le premier parti ; le possesseur perdra la différence, mais cette perte ne profitera pas au propriétaire, lequel a payé tout ce dont il s'est enrichi ; si la dépense est inférieure à la plus-value, le propriétaire prendra le second parti ; il gagnera la différence, mais ce ne sera point aux dépens du possesseur, qui sera rendu complétement indemne. Lorsque le propriétaire se trouve en présence d'un possesseur de mauvaise foi, il peut lui refuser toute indemnité, en le contraignant à enlever ses impenses (ce qu'il n'avait pas le droit d'exiger d'un possesseur de bonne foi). Mais s'il préfère les conserver, il est comptable envers lui de toute la dépense, fût-elle supérieure à la plus-value. Ce résultat se justifie par cette considération que le propriétaire étant en droit de faire enlever les impenses, s'il les maintient, c'est qu'il les approuve; dès lors il est présumé les avoir ordonnées lui-même, et, en conséquence, il doit payer tout ce qu'elles ont coûté.

On serait tenté de croire que le possesseur de mauvaise foi est mieux traité que le possesseur de bonne foi ; mais, si l'on veut aller au fonds des choses, on s'aperçoit bien vite qu'il n'en est rien. En effet, le propriétaire qui voudra conserver les impenses provenant d'un possesseur de mauvaise foi, pourra toujours l'amener à accepter un somme inférieure à la dépense, en le menaçant de l'obliger à démolir ou à enlever ses impenses et à l'indemniser, lui propriétaire, du dommage causé à sa chose.

S'il s'agit d'impenses voluptuaires, la règle est la même pour le possesseur de bonne ou de mauvaise foi ; il n'a que le droit de procéder aux enlèvements qui sont possibles sans que la chose en soit endommagée.

Ceci posé, revenons au droit de rétention ; le possesseur en jouit-il pour la garantie de ses impenses ? Pour mieux résoudre la question, divisons-la.

Et d'abord, *quid* du possesseur de bonne foi ? La question est controversée, et il n'en pouvait être autrement ; les auteurs qui prétendent que le droit de rétention est exceptionnel et ne s'applique que lorsqu'il existe un texte formel, le refusent au possesseur de bonne foi (V. Mourlon, ex. crit., n° 231, Cabrye, p. 204.). Pour nous, fidèles au système général que nous avons adopté, nous n'hésitons pas à reconnaître au possesseur de bonne foi le droit de retenir la chose jusqu'à ce qu'il n'ait été remboursé de ses impenses, suivant les distinctions que nous avons établies plus haut. Sans reprendre tous les arguments qui militent en faveur de notre opinion (v. Chap. III), nous dirons seulement : 1° Que les jurisconsultes romains ont toujours accordé au possesseur de bonne foi le droit de rétention pour impenses. (V. L. 38, 39 *de hæred. petit* ; L. 32 § 5 *de adm. et peric. tut.* ; L. 38, 48, 65 *de rei vind.* ; L. 29 § 2 *de pign. et hyp.*; L. 21 *ad. S. C. Trebel.* D., inst. Just. *de div. rerum* § 30).

2° Que la jurisprudence ancienne et les ordonnances royales étaient du même avis que les Romains. (Ord. 1539, art. 97 ; ord. 1566 art. 52 ; ord. 1667 tit. 27 art. 9 ; Pothier, dom. de propr. n° 345 ; Loyseau, Déguerpissement, liv. 6 chap. 8.)

3° Qu'il serait assez difficile de comprendre que la loi refusât un simple droit de rétention au possesseur de bonne foi qui a conservé un immeuble, alors qu'elle privilégie les frais de conservation d'une chose mobilière. (art. 2102, 3°).

4° Que si quelqu'un est en faute, c'est bien le propriétaire, qui a négligé de prendre soin de sa chose.

5° Que l'on aurait tort d'objecter que le possesseur est suffisamment protégé par l'hypothèque naissant du jugement qui condamne le propriétaire à lui rembourser ses impenses, car cette hypothèque, qui ne prend rang que du jour où elle est inscrite, ne lui sera d'aucun secours en présence de créanciers privilégiés, ou ayant une hypothèque déjà inscrite.

Ces motifs ont paru suffisants, car la plupart des auteurs ont adopté le système que nous défendons (Toullier, III, n° 130, XIV, n° 327; Tarrible, rep., v° Priv. de créanc., p. 32; Grenier, Hyp. II, p. 35;

Battur, id. I, p. 5; Duranton, IV, p. 382; Cappeau, législat. rurale I, p. 537; Proudhon, dom. de prop. II, n° 569; Troplong, Priv. et hyp. I, n° 260; Aubry et Rau, 2e édit. I, p. 218; Marcadé, sur l'art. 555, n° 5; Rauter, rev. étrang. 1841; Demolombe, distinct. des biens, n° 682; Boileux, sur l'art. 555; Dalloz, rep. alph. v° rétent., n° 36; Glasson, p. 127 et suiv.).

La jurisprudence, elle aussi, s'est fixée en notre faveur. C'est ainsi qu'il a été jugé qu'un établissement public auquel l'Etat retire la concession qu'il lui avait précédemment accordée, a le droit de retenir l'immeuble concédé jusqu'à ce qu'il ait été indemnisé de toutes les dépenses nécessaires ou utiles qu'il y a faites. (Rennes, 8 février 1841, commune de Dinan contre Ursulines, Dev. et C. 41, 2. 453; V. dans ce sens : Montpellier, 25 nov. 1852, D. P. 56, 2, 20; Paris, 1er mars 1808, S. 8, 2, 216, etc.).

Que faut-il décider lorsqu'il s'agit d'un possesseur de mauvaise foi? Certains auteurs lui refusent le droit de rétention, d'une manière absolue; d'autres le lui accordent, mais pour les impenses nécessaires seulement. (V. Toullier, III, n° 130 et XIV, n° 327; Proudhon, dom. de propr., n° 579; Duranton, III, n° 382; Devilleneuve, 41, 2, 453, note 1; Merlin, rep. v° Priv. de créanc., p. 52; Troplong, priv., I, n° 260; Coulon, question II, p. 159.).

Quant à nous, nous pensons que le droit de rétention existe à son profit, pour le recouvrement de toutes les impenses que la loi lui permet de répéter. Le principe d'équité, d'où découle le droit de rétention, et d'après lequel toute personne, obligée envers une autre qui l'est également envers elle, ne peut exiger que cette dernière remplisse son obligation qu'autant qu'elle est prête, elle-même, à accomplir la sienne, ce principe, disons-nous, s'applique dans tous les cas où il existe des obligations réciproques, sans qu'il y ait lieu de rechercher comment elles ont pris naissance. En conséquence, nous ne ferons aucune distinction entre le possesseur de bonne et le possesseur de mauvaise foi; dès lors que la loi accorde à ce dernier une créance contre le propriétaire, il est présumable qu'elle a entendu lui laisser les moyens de la faire valoir. (V. en ce sens Demolombe, distinct. des biens, II, n° 682; Marcadé, sur l'art. 555, n° 5; Cass. 25 mai 1852, D. P., 52, 1, 279; Pau, 9 août 1837, D. P., 38, 2, 183; Glasson, p. 131.).

Ajoutons que le droit de rétention du possesseur de mauvaise foi s'exercera sur les fruits produits par l'immeuble, depuis qu'il est entre ses mains, s'ils sont encore existants; dans le cas contraire, il est comptable de leur valeur. Quant au possesseur de bonne foi, il ne saurait être question de rétention, en matière de fruits, que sur ceux qui pendent par branches ou par racines, car, tant qu'a duré sa bonne foi, il a fait siens les fruits qu'il a perçus.

§ 2. — L'usufruitier étant tenu des réparations d'entretien et de toutes les charges de la jouissance

(Art. 605 et 608 C. C.), n'a, de ce chef, aucune créance contre le nu-propriétaire, et, par suite, point de rétention ; même solution pour les améliorations qu'il prétend avoir faites (art. 599). Il faut décider le contraire lorsqu'il a fait procéder à de grosses réparations ou qu'il a payé de sa bourse des dépenses que l'article 609 met à la charge du propriétaire.

Ici se présente une question qui a été très controversée, mais dont la solution ne fait plus guères de doute aujourd'hui : l'usufruitier a-t-il le droit de réclamer du nu-propriétaire, à la cessation de l'usufruit, une indemnité pour les constructions et plantations qu'il a faites sur le fonds ? Nous n'hésitons pas à répondre affirmativement, avec la majorité des auteurs et la jurisprudence, et, par suite, à permettre à l'usufruitier de retenir l'immeuble jusqu'à ce qu'il ait été désintéressé.

Pour refuser à l'usufruitier le droit de se faire payer ses constructions par le nu-propriétaire, on s'appuie, d'une part, sur le Droit Romain : « *Si quid inœdificaverit, postea cum neque tollere hoc, neque refigere potest.* » (L. 15, *pr. de usuf.* D.) ; d'autre part, sur notre ancien droit : « la douairière, » disait Pothier, qui a construit des bâtiments, fait des » plantations et autres améliorations, sans l'ordre du » propriétaire, n'a, pas plus que ses héritiers, aucune » répétition contre lui ; elle n'a pas dû le constituer » dans des dépenses qu'il n'a pas voulu faire. » (Du Douaire, n° 276). Il est naturel de penser que l'usufruitier, en construisant, a entendu faire une libéralité au nu-propriétaire : *donasse videtur*. (Ferrière, sur l'art. 262, Cout. de Paris ; Domat, Usuf. n° 19).

Cette manière de raisonner pourrait avoir quelque force s'il ne résultait pas clairement des travaux préparatoires du Code, que ses rédacteurs ont abandonné la théorie de leurs prédécesseurs et n'ont entendu parler, dans l'art. 599 C. Civ., que des simples améliorations ; il a été positivement dit, en effet, lors de la discussion de cet article qu'il ne s'applique qu'aux « travaux et dépenses que l'usufruitier a le droit de » faire sur le fonds pour étendre ses moyens de jouir, » et pour lesquels il ne peut réclamer d'indemnité, » même dans le cas où il aurait ajouté plus de valeur » au fonds, parce que ces simples améliorations sont » assez peu dispendieuses pour que les avantages, » qu'il en a retirés, compensent ce qu'elles lui ont » coûté » (V. Fenet. t. XI). D'ailleurs la fiction *donasse videtur* a disparu de notre législation, et avec raison, car elle est directement contraire à ce principe d'équité, que « nul ne peut s'enrichir injustement aux dépens d'autrui. »

Que si l'on nous oppose l'art. 2133 C. Civ., aux termes duquel « l'hypothèque acquise s'étend à toutes » les *améliorations* survenues à l'immeuble hypo- » théqué, » nous répondrons qu'il n'est nullement établi pour nous que le mot *améliorations*, employé par cet article, doive s'entendre des constructions qui ne présentent pas le caractère d'une simple amélioration. Au point de vue de la grammaire, comme au point de vue du bon sens, *améliorer* et *construire*, sont deux mots qui expriment des idées différentes ! Au reste, en supposant que l'art. 2133 se réfère aux constructions élevées sur le fonds hypothéqué, cette extension du mot *améliorations* trouverait son explication dans l'indivisibilité de l'hypothèque, mais dans l'espèce prévue par l'art. 599, ce motif n'existe plus.

Enfin, nous le demandons en toute sincérité, est-il possible d'admettre que le législateur ait voulu traiter l'usufruitier, qui puise son droit dans la loi, dans une convention ou dans un testament, avec plus de rigueur que le possesseur de mauvaise foi, qui n'a d'autre titre que son usurpation ?

Nous persistons donc à penser que les constructions élevées par l'usufruitier, doivent être régies par l'art. 555 et non pas par l'art. 599. C. Civ. (V. en ce sens Delvincourt I, p. 517 ; Duranton IV n°s 319 et 380 ; Marcadé sur l'art. 555 ; Duvergier sur Toullier II, p. 172 ; Demolombe, I, n° 696 ; Demante I, n° 439 bis ; Glasson p. 142 et suiv. — *Contrà*, Toullier III n° 427 ; Proudhon, Usuf. III n° 1441 ; Bugnet, sur Pothier, VI p. 439 ; Ducaurroy, Bonnier et Roustain sur l'art. 599).

§ 3. — Dans le cas où une personne a reçu en paiement un meuble ou un immeuble qui ne lui était point dû, celui qui le lui a livré a le droit d'en exiger la restitution (art. 1376 et 1377 C. Civ.), mais à la charge de lui rembourser ses dépenses nécessaires et utiles, suivant les distinctions que nous avons établies plus haut en matière de possession de bonne et de mauvaise foi (Art. 1381 C. Civ.). On pourrait même se demander s'il ne serait pas juste d'accorder au possesseur de bonne foi le droit de réclamer une indemnité pour ses dépenses voluptuaires, afin qu'il ne soit pas victime de l'erreur dans laquelle il est tombé par la faute du propriétaire ?

Toutes les fois que celui qui possède en vertu d'un paiement indû, se trouve créancier à raison d'impenses faites sur la chose, conformément aux règles précitées, sa créance doit être garantie par le droit de rétention ; le *debitum cum re junctum* existe, et, dans notre opinion, cela suffit.

§ 4. — Nous avons déjà étudié, dans un précédent chapitre, la question de savoir si le mari peut retenir l'immeuble dotal pour la garantie de ses impenses et nous lui avons refusé ce droit, même pour ses impenses nécessaires (V. chap. IV). *Quid* lorsqu'il s'agit de biens paraphernaux ? Distinguons trois hypothèses, avec les art. 1577 et suivants :

1° La femme a donné procuration à son mari pour administrer ses biens paraphernaux, avec charge de lui rendre compte des fruits (art. 1577 C. Civ.) ; dans ce cas le mari n'est qu'un simple mandataire ; donc il jouit du droit de rétention pour la garantie des créances nées, à son profit, à l'occasion du mandat. (V. *infrà* § 9.)

2° Le mari a reçu procuration de sa femme pour

administrer ses biens paraphernaux, mais sans charge de rendre compte des fruits, ou encore il en jouit sans mandat, mais sans opposition de la part de sa femme ; il est tenu, alors, de toutes les obligations de l'usufruitier (art. 1578 et 1580). En conséquence, on doit lui reconnaître le droit de se faire rembourser ses impenses nécessaires, en totalité, ainsi que les sommes qu'il a avancées pour le compte de la nue-propriété, et d'employer la rétention à la garantie de ces diverses créances. Quant aux dépenses d'entretien, elles restent à sa charge puisqu'il a la jouissance des biens.

Mais faut-il appliquer au mari, dans l'espèce, la disposition de l'art. 599. C. Civ. ? L'affirmative ne serait pas douteuse, si sa position était, de tous points, analogue à celle d'un usufruitier, mais il n'en est pas ainsi. Le mari n'est, en réalité, qu'un mandataire ; son mandat, il est vrai, revêt un caractère d'usufruit, puisqu'il lui confère le droit de jouir du revenu des paraphernaux, mais comme, en définitive, il n'est pas seul a profiter de ce revenu et qu'il doit l'employer aux besoins du ménage, on ne saurait le traiter aussi rigoureusement qu'un usufruitier ordinaire, ni le soumettre aux règles exceptionnelles de l'art, 599. Aussi lui permettrons-nous de répéter ses impenses utiles jusqu'à concurrence de la plus-value (En ce sens Aubry et Rau 2e éd. IV § 541 ; Benoît, des Paraph., n° 187 ; Toulouse, 24 janvier 1835, S. 35, 2, 383), et d'exercer, dans cette mesure, le droit de rétention, comme peut le faire tout mandataire.

3° Le mari a joui des biens paraphernaux malgré l'opposition constatée de sa femme (art. 1579). Il doit être, dans ce cas, assimilé à un possesseur de mauvaise foi ; et les sommes, auxquelles s'étend son droit de répétition ; lui sont garanties par le droit de rétention

§ 5. — Lorsqu'une vente vient à être résolue par suite d'inexécution des conditions, il est conforme, non seulement au système que nous avons adopté, mais encore à l'esprit de l'art. 1673 C. Civ., d'accorder à l'acheteur le droit de retenir la chose vendue jusqu'au remboursement de ses impenses. (Dalloz rep. alph. v° Rétent. n° 38). Il faut décider pareillement, au cas de rescision d'une vente entachée de lésion, que l'acheteur qui déclare vouloir restituer l'immeuble, et répéter le prix par lui payé, est en droit de le conserver jusqu'au remboursement de son prix et des impenses qu'il a faites. (Chambéry 6 août 1864. S. 65, 2, 48). Mais si la rescision est motivée par la violence ou le dol de l'acheteur, ce serait peut-être aller trop loin que de lui accorder, malgré sa faute, le droit de rétention.

§ 6.—Dans l'hypothèse d'une vente consentie *à non domino*, si le véritable propriétaire triomphe dans la revendication qu'il dirige contre l'acquéreur, celui-ci est en droit de retenir la chose jusqu'à ce que le propriétaire lui ait remboursé ses impenses nécessaires en totalité, ses impenses utiles en totalité ou jusqu'à concurrence de la plus-value, suivant que cette plus-value est supérieure ou inférieure à la dépense ; quant aux impenses voluptuaires, il ne peut que les enlever sans endommager la chose.

§ 7. — Que décider lorsqu'un locataire ou fermier a fait des impenses sur l'immeuble loué ou affermé ? Les jurisconsultes romains lui permettaient de retenir sur les loyers ou fermages le montant de ses impenses nécessaires ou utiles (L. 55, L. 61, *locati cond.* D.). Notre ancien droit n'admit la théorie romaine que pour les impenses nécessaires, et dans le cas seulement où le locataire avait agi d'accord avec le bailleur ou, sur le refus de ce dernier, avec autorisation de justice (Cout. de Troyes, art. 202; du Bourbonnais, art. 120; Loysel, Inst. Cout., n° 480 ; Bacquet, des droits de justice, chap. 21, n° 276; Dumoulin sur l'art. 38 de la cout. de Vermandois; Duplessis, traité du Douaire, sect. IV, p. 249). La solution à donner, sous l'empire de la législation actuelle, ne saurait être la même. Et d'abord, le droit de rétention du locataire ne peut porter que sur la chose louée ; en second lieu, ce droit lui appartient certainement pour garantir ses impenses nécessaires en totalité ; mais il n'en jouira, en matière d'impenses utiles, que jusqu'à concurrence de la somme qu'il consentira à accepter du propriétaire, si ce dernier préfère conserver les impenses plutôt que de forcer le locataire à les enlever ; le locataire étant de mauvaise foi, il y a lieu, en effet, d'appliquer l'art. 555 C. Civ.

§ 8. — La disposition de l'art. 1885 C. Civ. a embarrassé les commentateurs, et ceux-ci sont divisés sur le sens que l'on doit lui attribuer. « L'emprunteur (à » usage), dit ce texte, ne peut pas retenir la chose par » compensation de ce que le prêteur lui doit. » Si le législateur n'a eu d'autre but que de prohiber la compensation, notre article est inutile, car il résulte déjà de l'art. 1293, 2° que l'on ne peut compenser que des dettes ayant pour objet des choses fongibles de même espèce, et le commodataire est toujours débiteur d'un d'un corps certain. Il faut donc chercher une autre explication.

Suivant les uns, l'art. 1885 vise le cas où la dette d'un corps certain se trouve novée en une obligation de payer une somme d'argent, ce qui arrive notamment lorsque la chose a péri par la faute du commodataire ; il fallait une disposition spéciale pour empêcher la compensation dans ce cas (Delvincourt III, p. 190, n°s 8 et 10). Mais on ne prend pas garde que l'art. 1885, comme l'art. 1293, parle de la chose elle-même et non des dommages-intérêts qui peuvent être dus à sa place.

D'autres appliquent l'art. 1885 au cas ou des choses fongibles ont été prêtées pour un usage qui n'en opère pas la consommation (Toullier, VII, n° 383 ; Troplong, Prêt. n° 129). Cette interprétation tombe d'elle-même devant cette considération que, dans l'espèce, les choses fongibles sont individualisées et que le commodataire, devant rendre les choses mêmes qu'il a reçues, est encore débiteur d'un corps certain.

La seule explication possible, suivant nous, est celle-ci : l'art. 1885 emploie mal à propos le mot « compensation » ; il signifie tout simplement que le commodataire n'a point le droit de retenir la chose prêtée, *jure pignoris*, pour garantir une créance quelconque, née à son profit contre le prêteur. Mais faut-il en conclure qu'il ne pourra pas exercer le droit de rétention sur la chose pour les créances qui sont nées à l'occasion du prêt (En ce sens, Cabrye, p. 110 ; Mourlon, ex. crit., n° 131 ; Duranton, XVII, p. 538)? Non, évidemment. Rien dans le texte de l'art. 1885 ne nous indique que le législateur ait entendu déroger aux règles générales du droit de rétention (V. L. 15, L. 53, *de furtis* ; L. 18, § 4, *commodati*, D. ; Despeisses, Commod. § 5, n° 2 ; Pothier, id., n°s 43 et 80).

Mais pour quelles créances ce droit appartiendra-t-il au commodataire? L'art. 1890 répond en ces termes : « pour toute dépense extraordinaire, nécessaire et telle» lement urgente que le commodataire n'ait pas pu » en prévenir le prêteur ». Il faut ajouter : et pour toutes les dépenses, quelles qu'elles soient, que le commodataire aura faites avec l'autorisation du prêteur (V. en ce sens Dalloz, rép. alph. v° rétent., n° 45 ; Toullier VII, n° 384, et Duverg sur id.; Troplong, Prêt, n° 127, et nantiss, n° 449, Glasson p. 154). Qu'on ne dise point qu'il serait injuste de permettre au commodataire de refuser la restitution d'une chose qu'il tient de la seule bienveillance du prêteur ! Sans doute, le commodataire reçoit un service, mais il en rend un, aussi, au prêteur, en lui conservant sa chose, et il n'y a aucune raison pour le livrer désarmé aux risques de l'insolvabilité du prêteur, et pour permettre à ce dernier de s'enrichir à ses dépens.

§ 9. — — Il n'est pas douteux qu'on doive accorder au mandataire le droit de retenir les objets appartenant au mandant, et qui se trouvent entre ses mains par suite du mandat, jusqu'au remboursement des sommes qui lui sont dues à l'occasion de ces objets (En ce sens, Valette, privil. et hyp., n° 6 ; Dalloz, rép. alph. v° rétent., n° 39). Cette solution, conforme aux principes que nous avons admis, est consacrée par la jurisprudence ; il a été jugé en effet :

1° Que le notaire, créancier d'une faillite à raison de frais et déboursés pour actes passés devant lui par le failli, peut refuser aux syndics la délivrance d'expéditions de ces actes, avant le paiement de ce qui lui est dû (Paris, 13 oct. 1834, Dalloz, rép. alph. v° notaire n° 532; Trib. Pointe-à-Pitre, 13 mars 1838, id.).

2° Que l'huissier peut, jusqu'à parfait paiement de ses honoraires, retenir des actes de poursuite qu'il a faits, ainsi que les expéditions de jugements dont il a soldé le coût, et cela nonobstant le concordat faisant remise à son client, tombé en faillite, d'une partie de ses dettes, moyennant un dividende dont le client fait offre à l'huissier (Tr. Rouen, 11 févr. 1870. S. 70, 2, 333).

3° Que l'agent de change qui a acheté des valeurs à la Bourse, comme mandataire, ne peut être tenu de se dessaisir des titres au profit de l'acheteur tant que celui-ci ne lui a pas payé le prix d'acquisition (Paris, 14 janvier 1848, D. P. 48, 2, 14).

4° Que l'architecte qui a dressé les plans et devis d'une construction particulière a le droit de les retenir jusqu'au parfait paiement de ses honoraires (Paris, 14 déc, 1869, S. 70, 2, 83).

Dans toutes ces hypothèses, on ne saurait nier l'existence du *debitum cum re junctum*. Mais faut-il aller plus loin, et donner le droit de rétention au mandataire pour assurer le remboursement des sommes qu'il a avancées pour le compte du mandant, alors même que l'objet de ces dépenses est étranger aux choses retenues ? Oui, mais sous cette double condition : que les dépenses ont été faites en exécution du mandat, et que la détention des choses a pour cause le mandat. Cette décision se justifie par cette considération que tout mandat renferme implicitement un contrat de dépôt quant aux objets remis au mandataire dans le but de lui en permettre ou faciliter l'exercice, et que par suite, il est conforme à l'esprit de la loi d'étendre au mandataire la disposition de l'art. 1948, C. Civ. (En ce sens Bruxelles, 13 novembre 1817, Dalloz, rep. alph. v° Mandat n° 259 ; Cass. 17 janv. 1866, S. 66, 1, 92 ; id. 10 août 1870, S. 70, 1, 398 ; — *Contrà*, Bordeaux, 7 fév. 1866, S. 66, 2, 184).

Tout ce que nous avons dit s'applique aux mandataires légaux aussi bien qu'aux mandataires conventionnels ; il n'y a pas de raison pour établir une distinction entre les deux cas.

Lorsque le mandat a été constaté par écrit, et qu'il vient à prendre fin pour une cause ou pour une autre, le mandant ne peut pas forcer le mandataire à lui restituer la procuration qu'il a entre les mains, avant de lui avoir remboursé ses avances ; s'il en était autrement le mandataire pourrait se trouver fort embarrassé pour prouver l'existence de la procuration, et se verrait peut-être privé de tout recours contre son mandant.

L'arrêt de la Cour de Paris, du 14 déc. 1869, qui accorde à l'architecte le droit de retenir ses plans et devis pour assurer le paiement de ses honoraires, fait exception pour l'architecte d'un département, en se basant sur les considérations suivantes :

« Attendu qu'en acceptant l'emploi dont il est in-
» vesti ainsi que les conditions de traitement qui y
« sont attachées, il est devenu l'agent de l'administra-
» tion départementale, obligé de lui consacrer son
» temps et ses services, et il a virtuellement consenti à
» ce que les plans, devis et autres pièces qu'il pourrait
» dresser conformément aux ordres qu'il aurait reçus,
» devinssent immédiatement et sans réserve la pro-
» priété de cette administration ;

» Que s'il arrive que les pièces, dont il est l'auteur,
» restent, après leur confection, entre ses mains, ce
» n'est pas en vertu d'un droit qu'il aurait conservé
» sur elles et pour être affectées à l'exercice de ce droit,
» mais elles y demeurent uniquement comme étant
» une dépendance du service qu'il dirige et comme
» faisant partie des archives dont il a la garde ;

» Que dans le cas où, pour une cause quelconque » il vient à cesser ses fonctions, il perd en même » temps tout titre pour se maintenir en posssession » desdites pièces, et il doit les restituer à l'administra- » tion départementale dont il était le préposé... etc. »

Rapprochons de cette décision un arrêt de la Cour de cassation, du 29 novembre 1871 (S. 71, 1, 225), qui refuse au gérant d'une société commerciale (notamment d'une société en commandite), remplacé dans ses fonctions, le droit de retenir les livres et papiers de la société jusqu'au parfait paiement des sommes dont il se prétend créancier à raison de sa gestion.

« Attendu, dit l'arrêt, que l'associé gérant ne dé- » tient pas les pièces et livres de la Société comme dé- » positaire ou mandataire; que ces documents, né- » cessaires à la marche et au fonctionnement de la so- » ciété, ne peuvent être distraits du siége social dans » l'intérêt exclusif du gérant; que celui-ci n'a sur » eux, indépendamment de sa qualité d'associé, au- » cun titre de possession personnelle qui soit corréla- » tif à la créance dont il poursuit le recouvrement » contre la société; que dès lors le droit de rétention » auquel il voudrait prétendre, manquerait de » base... etc. »

§ 10. — Celui qui gère utilement l'affaire d'autrui, devant être assimilé au mandataire, il est naturel de lui accorder le droit de rétention dans tous les cas où nous avons reconnu son existence au profit de ce dernier.

§ 11. — L'art. 2102 3° C. Civ. privilégie les frais de conservation de la chose mobilière d'autrui. Cette disposition ne saurait être étendue aux frais d'amélioration, car il n'est point permis de créer un privilége par interprétation. Mais il faut, du moins, décider que toute personne qui détient une chose mobilière, appartenant à autrui, est en droit de la conserver jusqu'à ce que le propriétaire ne l'ait indemnisée de ses impenses d'amélioration (En ce sens Cass. 17 mars 1829, D. P. 29, 1, 184).

Dans le cas où un industriel a reçu, en vertu d'un seul et même traité, des matières premières destinées à une opération unique, a-t-il, pour prix de son travail, un droit de rétention non-seulement sur la matière déjà façonnée; mais encore sur celle non employée, restant dans ses mains ? Un arrêt de Lyon, du 25 mars 1871 (S. 71. 2, 145), a consacré l'affirmative et avec juste raison, car l'opération était indivisible dans la commune intention des parties, et l'ouvrier n'est pas tenu de rendre une partie quelconque de la matière, ouvrée ou non, si son co-contractant n'exécute pas intégralement les obligations nées pour lui du contrat. (En ce sens Cass. 13 mai 1861, S. 61, 1, 865).

Il va sans dire que si l'ouvrier remet une fraction des matières façonnées, le prix du travail fait sur celle-ci n'est point garanti par la fraction restante. « Quand » un ouvrier, dit. M. Troplong (Priv. et Hyp, n° 259), » se dessaisit de ce qui pouvait faire son gage, et qu'il

» suit la foi du fabricant, il n'est plus en son pouvoir » de se créer, *ex post facto* et sans convention, un droit » réel sur des objets qui, par leur destination, ne sont » pas appelés à répondre de ce qui peut être dû anté- » rieurement pour d'autres causes. » (En ce sens, Rouen 17 décembre 1828, 25 février 1829, D. P. 30, 2, 157; id. 1er mars 1827, D. P. 27, 2, 82; Cass. rej. 9 décembre 1840, D. P. 41, 1, 33, Pardessus, n° 1202).

§ 12. — L'art. 2175 C. Civ. est ainsi conçu : « Les » détériorations qui procèdent du fait ou de la négli- » gence du tiers détenteur, au préjudice des créanciers » hypothécaires ou privilégiés, donnent lieu contre lui » à une action en indemnité ; mais il ne peut répéter » ses impenses et améliorations que jusqu'à concur- » rence de la plus-value résultant de l'amélioration. »

La plupart des auteurs concluent de cette disposition que le tiers détenteur n'a pas le droit de se faire indemniser, par les créanciers hypothécaire, de la totalité de ses impenses nécessaires, mais seulement de la plus-value qui en est résultée pour l'immeuble. Le texte, disent-ils, ne distingue pas entre les dépenses utiles et les dépenses nécessaires ; il faut, dès lors, décider que la solution qu'il donne, s'applique d'une manière générale à ces deux catégories de dépenses (En ce sens, Grenier II, n° 411 ; Battur III, n° 490 ; Aubry et Rau, 2e édit., p. 210, note 27 ; Troplong, Priv. et Hyp. n° 838 bis ; Proudhon, Propriété, n° 574 ; Martou, n° 1320 ; Pont, sur l'art. 2175 ; Douai, 29 août 1842,

Dev. 43, 2, 416 ; Cass. 14 avril 1852, J. P, 52, 2, 31, Paris, 4 mars 1858, J. P. 58, p. 750, etc).

Malgré l'imposante autorité de ses défenseurs, nous ne saurions accepter cette opinion. Il est impossible, en effet, de placer les dépenses nécessaires sur le même rang que les dépenses utiles ; le législateur s'est toujours montré beaucoup plus favorable pour les premières que pour les secondes, ainsi il privilégie les frais faits pour conserver une chose mobilière appartenant à autrui, tandis que les frais d'amélioration sur cette même chose ne sont garantis que par un simple droit de rétention (V. *suprà* § 11.). Dans l'espèce, le tiers détenteur, qui a fait des impenses nécessaires sur l'immeuble, a conservé le gage des créanciers ; en agissant ainsi, il a rempli un devoir, car l'art. 2175 le rendant responsable de sa mauvaise gestion vis-à-vis des créanciers, lui impose l'obligation de procéder à toutes les réparations que nécessite la conservation de l'immeuble. Est-il donc naturel de penser que la loi assimile une dépense à laquelle il ne peut pas se soustraire, à une dépense qu'il est libre de négliger sans engager sa responsabilité? Les art. 861 et 862 C. Civ., qui statuent sur un cas analogue, nous disent formellement le contraire. Il nous paraît donc conforme à tous les principes, de décider que le tiers détenteur a le droit de répéter ses impenses nécessaires, en totalité, contre les créanciers hypothécaires qui l'exproprient ou auxquels il délaisse l'immeuble. (En ce sens Delvincourt III, note

11 p. 180 ; Dalloz, Rep. Alph. v° Priv. et hyp. p. 353 n° 5 ; Cass. req. 11 nov. 1824).

Vainement nos adversaires nous objectent que l'art. 2175 ne distingue pas entre les dépenses nécessaires et les dépenses utiles. Notre texte n'est relatif qu'aux dépenses utiles, ainsi que cela résulte de ces derniers mots « ... il ne peut répéter ses impenses et amélio- » rations que jusqu'à concurrence de la plus-value résul- » tant de l'*amélioration* »; quant aux dépenses nécessaires, elles doivent être réglées comme à l'ordinaire. Si le législateur a fait une disposition spéciale pour les impenses utiles, c'est que l'on eût pu croire, peut-être, que le tiers détenteur était en droit de réclamer aux créanciers toute sa dépense lorsqu'elle est supérieure à la plus-value, comme il lui est permis de le faire à celui qui lui a vendu sciemmeut le fonds hypothéqué (art. 1634 et 1635 combinés).

Quid dans le cas où la dépense est inférieure à la plus-value ? La réponse n'est point douteuse ; les créanciers ne devront au détenteur que la somme qu'il a déboursée, car tout ce que veut la loi, c'est que les créanciers ne fassent pas un bénéfice avec l'argent de ce dernier (En ce sens Pont. Priv. et Hyp. sur l'art. 2175, Persil sur id.; Troplong n° 838 ; Martou, n° 1321 ; Mourlon, rép. écr. sur l'art. 2175 ; Grenoble 31 déc. 1841, J. P. 42, 2, 543.).

Comment se détermine la plus-value résultant des impenses utiles ? Suivant les uns, elle consiste précisément dans l'écart qui existe entre le prix porté au contrat du tiers acquéreur et le prix produit par la revente sur expropriation (Pau, 24 février 1817). Suivant d'autres, elle se détermine par la comparaison du prix que l'immeuble aurait atteint s'il avait été vendu en l'état primitif, avec le prix réel de revente. (Cass. rej. 28 nov 1838. J. P. 38, 2, 655.). Cette manière de procéder nous paraît plus régulière que la précédente.

Les dépenses d'entretien étant la charge des fruits que le tiers détenteur a perçus pour son compte, il s'ensuit qu'il n'a droit, de ce chef, à aucune indemnité.

Résumons-nous ; le tiers détenteur est placé, vis-à-vis des créanciers hypothécaires, dans une situation analogue à celle du possesseur de bonne foi vis-à-vis du propriétaire qui l'évince (art. 555) ; l'un et l'autre ont droit de répéter leurs impenses nécessaires en totalité, leurs impenses utiles en totalité ou jusqu'à concurrence de la plus-value, suivant que cette plus-value est supérieure ou inférieure à la dépense.

Ce rapprochement nous donne immédiatement la solution de cette question : Comment se trouve garanti le remboursement des impenses auxquelles a droit le tiers détenteur ? Il n'est pas douteux pour nous qu'on doive lui accorder le droit de rétention comme au possesseur. En effet, les créanciers hypothécaires sont, dans l'espèce, ses débiteurs directs, et la créance, qu'il s'agit de recouvrer, est née à l'occasion de la chose retenue. Toutes les conditions requises pour l'existence du droit de rétention sont donc rempli[illegible]. (En ce sens

Merlin, rép, v° Priv. Sect. 4 n° 5; Battur III, n°s 491 à 507 ; Glasson, p. 140 ; Douai 18 mars 1840, Dev. et Car. 40. 2, 289 ; Pau, 9 août 1837. J. P. 38, 1, 303).

On reconnaît généralement au profit du tiers détenteur contre les créanciers hypothécaires, l'existence d'une action de *in rem verso* qu'il peut exercer dans l'ordre par voie de distraction de la partie du prix correspondante à la plus-value de l'immeuble ; il peut même demander l'insertion, dans le cahier des charges, d'une clause imposant à l'adjudicataire l'obligation de lui payer directement le montant de sa créance, avant d'entrer en jouissance. (En ce sens Aubry et Rau II p. 210 note 7 ; Persil sur art. 2175 ; Pont. id., Duranton XX, n° 272 ; Toullier VII p. 387 ; Dalloz, rép. alph. v° Priv. p. 352 n° 2 ; Martou n° 1322 ; Berr. St Prix, not. théor. n° 18841 ; Turin, 1er juin 1810 ; Bastia 2 fév. 1846 ; Bourges 8 fév. 1851 ; Dev. 48, 2, 10 ; J. P. 51, 1, 471). Cette dernière faculté, bien qu'admise par des auteurs qui refusent au tiers détenteur le droit d'exercer la rétention, ne se comprend cependant que dans notre système, car c'est une conséquence du droit qu'a le détenteur de retenir l'immeuble, et l'on ne peut raisonnablement maintenir la conséquence en repoussant le principe (V. Mourlon, ex. crit., p. 749).

Certains auteurs s'appuyant sur notre ancien droit, où l'on refusait au tiers détenteur le droit de rétention, mais où on lui accordait un privilége sur l'immeuble

(Pothier Cout. d'Orléans, Introd. au tit. XX n° 38 ; traité de l'hypoth. n° 93 ; Loyseau Liv. III, chap. VI, n° 7), prétendent qu'il en est de même sous l'empire de la législation actuelle, disant : « qu'il est évident qu'en accordant au tiers détenteur une répétition pour sa plus-value, au moment où l'immeuble va être vendu et le prix distribué, le Code a entendu lui conférer le droit d'exercer sa répétition sur le prix, par préférence aux créanciers hypothécaires, et que d'ailleurs l'analogie avec l'art. 2103, 4° est frappante. » (V. Troplong n° 838 ; Grenier II, n° 336 ; Persil, rég. hyp. sur l'art. 2175 ; Coulon quest. II p. 159). Ce système est inadmissible, car tout ce qui concerne la matière des priviléges est de droit strict ; pour établir une sûreté de ce genre, l'analogie ne suffit pas, il faut un texte formel ; or, l'art. 2175 est étranger à la question. Si le législateur avait voulu conférer un privilége au tiers détenteur pour le recouvrement de ses impenses, il l'eût fait dans l'art. 2103.

Suivant les auteurs qui n'admettent pas le droit de rétention en dehors de la loi ou de la convention des parties, le tiers détenteur, lorsque le montant des créances inscrites sur l'immeuble est égal ou supérieur au prix d'adjudication, n'a qu'une ressource, c'est de saisir et arrêter, comme peut le faire tout créancier des créanciers hypothécaires, le prix provenant de la revente. Ce prix lui sera exclusivement attribué jusqu'à concurrence de la somme à laquelle il a droit, s'il est seul saisissant, mais s'il existe des créanciers opposants, il subira leur concours. Dans le cas où le montant des créances hypothécaires est inférieur au prix d'adjudication, l'excédant appartiendra tout entier au tiers détenteur, qui pourra le réclamer en qualité de propriétaire, la résolution de son droit de propriété n'ayant lieu que dans la limite de l'intérêt des créanciers hypothécaires (V. Mourlon, ex crit. p. 753). Cette solution est bien moins avantageuse, pour le détenteur, que l'exercice du droit de rétention, car elle ne lui assure pas toujours, comme celui-ci, un paiement intégral.

§ 13. — Le voiturier jouit, aux termes de l'article 2102, 6° C. Civ., d'un privilége sur la chose voiturée, pour ses frais de voiture et dépenses accessoires. On controverse la question de savoir si ce privilége se perd par la remise des objets voiturés ; si l'on admet la négative (V. Duranton, XIX, n° 54 ; Mourlon ex. crit., p. 456 et suiv.), le droit de rétention qui résulte, selon nous, pour le voiturier, de la connexité de sa créance avec la chose voiturée, n'est pas aussi utile au voiturier qu'il le serait si l'existence du privilége était subordonnée au fait de la possession, néanmoins il préserve le privilége des dangers auxquels l'exposerait la délivrance de la chose.

§ 14. — Le privilége accordé au commissionnaire sur les marchandises à lui confiées, pour garantir le remboursement des sommes qu'il a avancées sur elles, et le paiement de ses frais, commissions et salaires, se perd avec la possession des marchandises (Art. 92

et 95 C. Co.. En conséq , ceux là mêmes qui soutiennent que l'existence d *bitum cum re junctum* ne suffit pas pour légitimer le droit de rétention, sont bien forcés, pourtant, de reconnaître que le commissionnaire peut s'en prévaloir.

La cour de Paris a jugé (24 juin 1869, S. 69, 2, 302) que, dans le cas où les marchandises ont été vendues aux enchères après saisie, le commissionnaire ne peut refuser la délivrance à l'adjudicataire, sauf ensuite à se faire payer par préférence sur le prix de vente. Cette décision serait bonne si le commissionnaire n'avait d'autre garantie qu'un privilége, mais, du moment qu'à ce privilége se joint un droit de rétention, la distinction proposée entre la vente amiable et la vente judiciaire n'a plus de raison d'être, et porte une véritable atteinte au droit du rétenteur.

L'art. 95 C. Co. n'a trait qu'aux commissionnaires vendeurs, par conséquent le privilége qu'il établit ne saurait être étendu aux commissionnaires acheteurs; mais ceux-ci jouissent évidemment du droit de rétention pour se faire payer leur commission, le prix d'achat et tous les frais occasionnés par la chose.

Dans le cas où le commissionnaire a expédié à son commettant la marchandise qu'il a achetée par son ordre, et lorsque celui-ci vient à tomber en faillite, la jurisprudence, étendant au commissionnaire le bénéfice de l'art. 576 C. Co., lui permet de revendiquer les objets expédiés tant qu'ils ne sont pas entrés dans les magasins de l'acheteur, pour exercer sur eux le privilége du vendeur, auquel il doit être subrogé par application de l'art. 1251, 3° C. Civ. Ce raisonnement a été critiqué, et avec raison ; l'art. 1251, 3° suppose qu'il y a deux personnes obligées simultanément ou subsidiairement envers le créancier, tandis que, dans l'espèce, le vendeur n'a qu'un débiteur, le commissionnaire, et ne connaît même pas le commettant.

M. Delvincourt, maintenant le système de la jurisprudence, a voulu l'appuyer sur un argument meilleur: « Le commissionnaire, dit-il, peut revendiquer, car, » en réalité, il est vendeur par rapport à son commet- » tant. » Ce raisonnement ne vaut pas mieux que le précédent. En effet, le commissionnaire, en s'abouchant avec le tiers vendeur, a acheté pour le compte de son commettant ; les marchandises sont entrées immédiatement dans le patrimoine de ce dernier, sans passer par celui du commissionnaire, qui, par suite, ne joue en aucune façon le rôle de vendeur.

A notre avis, le commissionnaire acheteur n'a pas d'autre garantie que le droit de rétention ; s'il se dessaisit, il retombe au rang de simple créancier chirograhpaire.

SECTION III.

CAS DE RÉTENTION CONVENTIONNELLE.

Lorsque le droit de rétention tire son origine de la convention des parties, il peut exister indépendamment de toute connexité entre la créance qu'il garantit et la chose sur laquelle il porte. Dans cette hypothèse, il se présente soit comme droit principal, soit comme droit accessoire du gage ou de l'antichrèse. Sa nature et ses effets sont les mêmes que quand il résulte d'une disposition de la loi ou qu'il est accordé par interprétation, nonobstant le silence des textes, aussi, nous nous bornerons, sur ce point, à un simple renvoi.

Il convient de mentionner ici un cas particulier où le droit de rétention prend sa source dans une convention d'hypothèque. Le tiers détenteur qui a délaissé peut, jusqu'à l'adjudication, reprendre l'immeuble, en remboursant aux créanciers hypothécaires le montant des sommes inscrites et les frais qu'ils ont été obligés de faire (Art. 2173 C. Civ.). Le droit qui appartient aux créanciers de poursuivre la vente de l'immeuble hypothéqué, comporte donc la faculté de le retenir jusqu'à l'adjudication, à moins que le délaissant ne leur paie ce qui est dit ci-dessus.

CHAPITRE IX

I. AVANTAGES QUE PRÉSENTE LE DROIT DE RETENTION. — II. SES MODES D'EXTINCTION.

I. — Le droit de rétention est encore, dans notre législation actuelle, d'une grande utilité pour le créancier qui en est investi.

D'abord, le rétenteur, en refusant de se dessaisir tant qu'il n'a pas reçu tout ce qui lui est dû, évite de concourir avec les créanciers chirographaires, et, malgré l'insolvabilité du débiteur, il obtient un paiement intégral, tandis que ces derniers ne reçoivent qu'un simple dividende ; le droit dont il jouit constitue donc, en réalité, une cause indirecte de préférence. Il y a plus, nous avons vu (ch. VI) qu'en cas de saisie de l'immeuble retenu, l'adjudicataire ne peut obtenir la délivrance qu'en versant son prix, jusqu'à due concurrence, aux mains du rétenteur ; les créanciers privilégiés ou hypothécaires ne peuvent exercer leurs droits que sur l'excédant ; le rétenteur se trouve donc placé dans une position meilleure que les créanciers les plus favorisés !

Lors même que le débiteur est solvable, l'exercice de la rétention présente encore de l'intérêt. D'une part, il excite le débiteur à acquitter sa dette, car on est toujours désireux de reprendre ce qui vous appartient, et la restitution, dans l'espèce, est subordonnée au désintéressement intégral du créancier. D'autre part, la rétention se faisant valoir par voie d'exception, il en résulte une économie de temps et de frais, car le juge statue dans une seule instance et, par une décision unique, sur les prétentions des parties.

Ajoutons, enfin, que dans le cas où le droit de rétention garantit une obligation naturelle, ce qui est possible selon nous (v. chap. III), il supplée au défaut d'action en faveur du créancier.

Si le droit de rétention est avantageux pour le créancier, il est assez préjudiciable au débiteur, car il le prive de sa chose et l'expose aux conséquences de la mauvaise gestion et de la malveillance du créancier; cependant le débiteur n'est pas en droit de se plaindre, car il ne dépend que de lui de mettre fin à ce dangereux état de choses, en payant sa dette. Toutefois, nous pensons que si le créancier montrait de la mauvaise volonté ou de la négligence dans la liquidation de sa créance et empêchait ainsi le débiteur de se libérer, et, par suite, de reprendre sa chose, les tribunaux pourraient fixer au rétenteur un délai à l'expiration duquel il cesserait de pouvoir retenir la chose du débiteur, si sa créance n'était pas liquidée.

II.—Le droit de rétention, étant un droit accessoire, s'éteint ou par voie de conséquence, ce qui arrive lorsque la créance qu'il garantit vient à prendre fin, ou par voie principale, sans que la créance en soit atteinte.

A. — Le droit de rétention cesse lorsque le débiteur se trouve, pour un motif quelconque, dégagé de son obligation. Dans le cas où la créance éteinte est remplacée par une autre à l'aide d'une novation, les parties peuvent convenir que le droit de rétention qui garantissait la première, accèdera à la seconde (Troplong Nantis. n° 472).

Ici se présente une question fort importante : l'exercice du droit de rétention fait-il obstacle à la prescription de la créance?

Un seul auteur, M. Cabrye, a soutenu la négative. Malgré le talent incontestable avec lequel il développe son système, nous ne saurions partager son avis. Comme le remarque fort bien M. Glasson, « le fait, de » la part du débiteur, de laisser sa chose chez son cré- » ancier, sachant que cette chose lui sert de garantie, » constitue de sa part une reconnaissance tacite de sa » dette, et comme cette reconnaissance se perpétue, elle » interrompt indéfiniment la prescription. » (p. 165). On objecte, il est vrai, que l'interruption de prescription ne peut résulter d'un fait négatif, et qu'il faut, de toute nécessité, un fait *in committendo* pour que ce résultat soit produit. Mais c'est là résoudre la question par la question, puisqu'il s'agit précisément de savoir si un fait *in omittendo* est interruptif. Or, il est évident que l'art. 2248 C. Civ. embrasse, dans sa généralité, l'une et l'autre hypothèse. Pour qu'il y ait interruption, le législateur n'exige qu'une chose, c'est qu'il résulte de la conduite du débiteur qu'il reconnaît le droit de son créancier, et, dans l'espèce, on ne peut attribuer son inaction à une autre cause ; il sait qu'il n'obtiendra sa chose qu'autant qu'il se présentera au créancier, les espèces en main, et, soit qu'il ne le veuille ou ne le puisse pas, il se résigne à la lui laisser. Est-ce que cette façon d'agir n'implique pas, à tout moment, une reconnaissance effective de la créance ? C'est nier l'évidence que de soutenir le contraire.

Mais, nous dit-on, votre système a pour conséquence de détruire cette présomption d'après laquelle le débiteur se trouve libéré lorsque le créancier reste trente ans sans le poursuivre. Certes, nous ne le nions pas, et ce résultat n'a rien de contraire à la loi. La présomption dont il s'agit est basée, en effet, sur l'inaction, sur la négligence du créancier ; or, le créancier, qui retient la chose de son débiteur, peut-il être taxé d'inaction et de négligence ? Sa conduite n'est-elle pas une protestation permanente contre celle du débiteur ? Comment veut-on le soumettre à une déchéance que la loi inflige à l'incurie, alors qu'il révèle sa prudence en conservant une garantie contre l'insolvabilité de son débiteur.

On nous objecte, encore, que notre théorie offre un inconvénient fort grave, en enlevant au débiteur qui s'est libéré, mais qui ne peut rapporter une preuve de sa libération, le moyen de se dispenser de payer une seconde fois. Ce résultat sera fâcheux, assurément, mais de deux choses l'une, ou le débiteur a négligé de se faire donner une quittance (ou de se procurer des témoins, quand la créance est de 150 fr. et au-dessous), et alors il ne doit s'en prendre qu'à lui-même, si sa négligence l'oblige à payer deux fois, ou bien il a perdu sa quittance, et alors il est en faute de n'avoir pas retiré plus tôt sa chose des mains du rétenteur et d'avoir suivi sa foi. Du reste, l'hypothèse qu'on nous oppose se présentera rarement dans la pratique.

Nous persistons donc à penser qu'aujourd'hui, comme en droit romain (L. 7, § 5, *de præscript.* 30 *vel* 40 *ann*, Cod.), l'exercice du droit de rétention constitue un fait perpétuellement interruptif, qui empêche la prescription de la créance garantie. (V. en ce sens, de Serres, inst. du Dr. Fr. Liv. III, tit. 15 § 4 ; Proudhon, Usuf. II, n° 762 ; Delvincourt, III, p. 211 note 2 ; Duranton XVIII, n° 553 et XXI, n° 253 ; Malleville IV, p. 166 ; Vazeilles, Prescript., n° 142 ; Aubry et Rau, 2e édit. III, § 438, note 1, et 3e édit. id., p. 522 ; Troplong, Nantiss., nos 474 et 551 ; Merlin, rép. v° Prescript. sect. 1, § 57, quest. 18; Favard, rép. v°, nantiss., § 2, n° 5 ; Dalloz, rép. Alph., v° Prescript., n° 788 ; Marcadé, Prescript., sur l'art. 2248, p. 146 ; Cass. 27 mai 1812, S. 13, 1, 85 ; Riom 31 mai 1828, Dalloz, Jurisp. gén., t. 36, p. 229, note 5).

Remarquons, toutefois, que dans l'ancien droit français plusieurs jurisconsultes enseignaient la doctrine que nous avons combattue (V. Rouss. de la Combe, Jurisp. civ., v° Gage, n° 19 ; Despeisses, Prescript., tit. 4, n° 23 ; Duparc-Poullain, Princip. de dr. Fr. VI, p. 238) ; mais ils arrivaient au même résultat que nous, puisqu'ils admettaient, pour la plupart, qu'il survivait à l'obligation civile, éteinte par prescription, une obligation naturelle qui permettait au créancier de refuser la restitution de l'objet retenu jusqu'à ce que le débiteur ne l'eût désintéressé.

B.—Le droit de rétention s'éteint par voie principale:

1° Lorsque la chose retenue vient à périr. Si la perte résulte d'un cas fortuit, le créancier est libéré vis-à-vis du débiteur, par application de la maxime : *Debitor corporis certi interitu rei debitæ liberatur*. Si au contraire le créancier est en faute, il sera condamné à des dommages-intérêts, au profit du propriétaire. Dans le cas du droit de rétention conventionnel (principal ou accessoire du gage et de l'antichrèse), le créancier a le droit, quand la chose périt par cas fortuit, de forcer le débiteur à lui fournir une autre chose ou à le payer immédiatement (art. 2021, 2131, C. Civ. analog.). Si la chose, affectée au droit de rétention conventionnel, avait été remise au créancier par un tiers non obligé au paiement de la dette, celui-ci ne pourrait être contraint de la remplacer en cas de perte.

2° Lorsque le créancier renonce au bénéfice qui lui appartient. Cette renonciation peut être expresse ou tacite. Il y a renonciation tacite quand le créancier exerce lui-même des poursuites à l'effet de convertir la chose en argent ou qu'il abandonne volontairement la possession, sauf les exceptions établies dans les art. 2102, 4°, C. Civ., et 576, C. Co.

3° Lorsque le créancier abuse de la chose qu'il détient (art. 2082). Cette disposition, spéciale à la matière du gage, ne nous paraît pas devoir être étendue au droit de rétention principal ; tout ce que nous pouvons accorder, c'est que le tribunal aura le droit, dans ce cas, d'ordonner que la chose soit confiée à un tiers, qui la détiendra pour le compte du rétenteur, tant que la dette ne sera pas acquittée.

4° Lorsque le délai fixé par le tribunal pour la liquidation de la créance est expiré (V. *Suprà*).

Disons, en terminant, que la perte du droit de rétention n'entraîne pas la perte de la créance ; le créancier peut toujours agir en justice pour réclamer ce qui lui est dû, sauf, toutefois, dans le cas où le droit de rétention garantissait une obligation naturelle, car, alors, en perdant ce droit, le créancier demeure privé de tout recours contre son débiteur.

POSITIONS

DROIT ROMAIN.

I. — Le droit de rétention est réel.

II. — Pour qu'il y ait lieu au droit de rétention, il n'est pas nécessaire que la détention ait une cause licite.

III. — Le droit de rétention tacite n'existe pas indépendamment du *debitum cum re junctum.*

IV. — Le possesseur qui a restitué la chose qu'il détenait, sans exciper du droit de rétention, n'a pas d'action contre le propriétaire pour recouvrer ses impenses.

V. — Le possesseur de mauvaise foi ne peut se faire indemniser de ses impenses utiles, sauf exception pour le possesseur d'une hérédité.

DROIT FRANÇAIS.

CODE CIVIL.

I. — Le droit de rétention est réel.

II. — Le droit de rétention ne peut être accordé

par extension qu'autant que la créance est connexe à la chose retenue.

III. — Le rétenteur n'a pas le droit de s'approprier les fruits de la chose retenue et de les imputer sur sa créance.

IV. — Le rétenteur a le droit de passer un bail ou un renouvellement de bail obligatoire pour le propriétaire pendant une période de neuf années.

V. — Le droit de rétention peut se concilier avec le droit de saisie qui appartient aux autres créanciers du débiteur.

VI. — La revendication que l'art. 2102, 4° accorde au vendeur d'objets mobiliers non payés, quand la vente est faite sans terme, constitue une action *sui generis* : la revendication du droit de rétention.

VII. — L'usufruitier a le droit de demander au propriétaire, à la cessation de l'usufruit, une indemnité pour les constructions et plantations qu'il a faites sur le fonds.

VIII. — Le mari ne peut retenir l'immeuble dotal, même pour assurer le remboursement de ses impenses nécessaires.

IX. — Le tiers détenteur a le droit de se faire indemniser de la totalité de ses impenses nécessaires, par les créanciers hypothécaires qui l'évincent.

X. — L'exercice du droit de rétention fait obstacle à la prescription de la créance.

CODE DE COMMERCE.

I. — La créance du commissionnaire acheteur, contre le commettant, n'est garantie que par le droit de rétention.

CODE DE PROCÉDURE.

I.—La réintégrande ne peut être accordée au possesseur qui ne remplit pas les conditions exigées par l'art. 23 C. Pro.

CODE PÉNAL.

I. — L'interdiction légale, établie par l'art. 29 C. Pénal, ne résulte pas d'une condamnation par contumace.

DROIT ADMINISTRATIF.

I. — La loi du 23 mars 1855 n'est pas applicable au jugement d'expropriation pour caue d'utilité publique.

P. HÉDAL.

Vu pour l'impression :
Le Doyen,
E. BODIN.

Vu :
Le Recteur,
J. JARRY.

TABLE

Pages

DROIT ACTUEL

Rennes, typ. Hyzo[illegible] fils et Cie.

ERRATA.

Page 11, lignes 24 et 27, au lieu de : *de dolo malo*, lisez *de doli mali et metûs except.*

— 20, ligne 17, au lieu de : *créanciers* lisez : *co-créanciers.*

— 54, ligne 2, au lieu de : *augneutation* lisez : *augmentation.*

— 92, ligne 1, au lieu de : *législaation* lisez : *législation.*

— 145, ligne 19, au lieu de : *désinteres,ser*, lisez *désintéresser.*

— 145, ligne 21, au lieu de : *prè-*, lisez : *près.*

— 115, ligne 29, au lieu de : *en droits* lisez : *en droit,.*

— 160, ligne 22, au lieu de : *de l'art.* 2204 *C. Civ.* lisez : *des art.* 2204 *et suiv. C. Civ.*

— 175, ligne 24, au lieu de : *tit. I* lisez : *Sect. I.*

— 178, ligne 12, au lieu de : *art.* 1672 lisez : *art.* 1673.

— 183, ligne 8, au lieu de : *main* lisez : *mains.*

— 201, ligne 5, au lieu de : *répétition ;* lisez : *répétition,.*

www.ingramcontent.com/pod-product-compliance
Ingram Content Group UK Ltd.
Pitfield, Milton Keynes, MK11 3LW, UK
UKHW012026240726
13965UKWH00002B/594